本著作系中南民族大学中央高校基本科研业务费专项资金项目（CSQ12007）、湖北省科技支撑计划（软科学研究类）项目（2013BDF030）和国家社会科学基金青年项目（14CTQ017）的研究成果，并得到中南民族大学管理学院学术著作项目资助

企业技术竞争情报挖掘

王翠波 著

中国社会科学出版社

图书在版编目（CIP）数据

企业技术竞争情报挖掘/王翠波著 . —北京：中国社会科学
出版社，2016.3

ISBN 978 - 7 - 5161 - 7836 - 2

Ⅰ.①企…　Ⅱ.①王…　Ⅲ.①企业竞争—竞争情报—研究
Ⅳ.①F274

中国版本图书馆 CIP 数据核字（2016）第 057558 号

出　版　人	赵剑英
责 任 编 辑	卢小生
特 约 编 辑	林　木
责 任 校 对	周晓东
责 任 印 制	王　超

出　　　版	中国社会科学出版社
社　　　址	北京鼓楼西大街甲 158 号
邮　　　编	100720
网　　　址	http：//www.csspw.cn
发 行 部	010 - 84083685
门 市 部	010 - 84029450
经　　　销	新华书店及其他书店

印　　　刷	北京明恒达印务有限公司
装　　　订	廊坊市广阳区广增装订厂
版　　　次	2016 年 3 月第 1 版
印　　　次	2016 年 3 月第 1 次印刷

开　　　本	710×1000　1/16
印　　　张	12.25
插　　　页	2
字　　　数	206 千字
定　　　价	48.00 元

凡购买中国社会科学出版社图书，如有质量问题请与本社营销中心联系调换
电话：010 - 84083683

前　言

随着经济、技术发展的全球化趋势日益明显，企业所处的竞争环境发生了深刻的变化。技术集成、技术动态演化等一系列因素导致企业处于极度不稳定的技术环境中。如何在技术变化速度越来越快的竞争环境中获取并保持竞争优势，是企业制胜的关键。技术竞争环境的动态变化需要企业及时把握技术发展趋势，从纷繁复杂的技术环境中获取合适的技术，培育核心技术能力。如何适应社会环境的变化、识别企业技术战略管理中深层次信息需求以及围绕企业技术活动提供准确、及时、全方位的描述性、预测性情报，更好地发挥情报在技术创新中的作用，成为企业关注的焦点。

企业技术竞争情报是指为满足企业技术战略决策需求，提升技术商业价值，实现企业商业竞争目标所需的有关技术信息和知识，其获取需要对企业自身、竞争对手、外部环境等有关的技术信息进行知识层次的深加工处理，从而提炼、挖掘可用于支撑企业技术管理决策活动的情报。将技术竞争情报引入企业技术战略管理中，能让企业科学合理地识别、理解企业内外部技术环境，加强对技术发展、竞争对手以及企业自身技术能力与优势的正确认知，为企业技术创新提供有力支持。

技术竞争情报挖掘作为一种以知识为对象的智能分析过程，其活动的开展离不开相关知识处理技术的支撑，而知识发现是其中的关键技术，有助于企业从海量信息中智能化地获取有价值的信息，并从中挖掘有用的知识，挑选出对企业有益的关键性情报，提高情报获取的质量和效率。

《企业技术竞争情报挖掘》一书正是从这一实际出发，将知识发现技术与企业技术竞争情报的具体业务目标相结合，从多个角度和层面对技术竞争情报挖掘的理论、方法和应用进行研究。全书分为基础理论篇、前沿探索篇和实证应用篇三大部分。基础理论篇首先概述企业技术竞争情报基础理论，通过网络调研方式，系统收集、分析了企业技术竞争情报产生的背景与需求特性，明确了知识发现技术在企业技术竞争情报挖掘中的应用价值，并简要分析了企业技术竞争情报挖掘整体模型及核心流程；在此基础上，以企业技术战略管理中的业务问题及其信息需求为基础，重点论述了企业技术竞争情报挖掘的目标及识别途径、企业技术竞争情报源的类别特征及集成模式、各类挖掘目标导向下的具体实现策略及方法等。前沿探索篇一方面基于现代竞争理论的演进，提出了基于业务流程的动态技术竞争情报挖掘模型与方法，完善了技术竞争情报获取的理论体系；另一方面则进一步结合大数据时代背景，分析大数据环境将如何影响技术竞争情报分析服务理念、模式与方法，并针对其影响探讨应对策略。实证应用篇一方面选取新能源技术领域，基于技术竞争情报视角，围绕新能源技术促进、新能源市场认知深化展开调研与理论探讨，并结合节能监察等政府管理部门重点业务，深入分析构建新能源产业大数据平台对支持政府决策、促进社会能源结构优化、培育初创型新能源企业等方面所能发挥的价值，并进一步围绕新能源产业特性及大数据处理流程，剖析了构建新能源产业大数据平台的主要途径及可行性；另一方面探讨挖掘平台的构建方案及各类数据挖掘系统在技术竞争情报领域中的适用性，并选取特定的新能源技术，引入挖掘软件，结合具体的技术竞争情报典型目标，从数据采集与清理、情报挖掘与分析两个环节入手，介绍挖掘目标的实现过程。

本书是在多年研究及成果的基础上撰写而成，也吸取、引用了国内外知识发现、知识表示、知识推理、技术战略管理等多领域专家的思想及论著，并得到了全国哲学社会科学规划办公室、湖北省科技厅、中南民族大学、中南民族大学管理学院、中国社会科学出版社的大力支持，张玉峰教授、郑军教授、张劲松教授、邓辉教授、吴金红博士、赵宝春博士、卢小生编审等专家学者对专著选题、内容体系策划给出了大量宝贵意见，在此一并表示最诚挚的谢意！本书实验软件为 Search Technology 公司提供，实证数据集从 John Wiley & Sons 出版公司网站下载，由艾伦·L. 波特（Alan L. Porter）教授整理提供，特此表示感谢！

技术竞争情报还处于一个新的发展阶段，如何将知识发现技术与技术战略管理业务完美地结合具有很大的挑战性，笔者对该方向的思考和研究还存在不少盲点，书中错漏之处，恳请专家学者和读者朋友批评指正！后续研究中，将选择、设计合适的实时大数据处理模式，构建能有效进行技术全景监测并能快速响应动态变化的预测模型与运行机制，进一步深化技术竞争情报研究理论体系。

　　本书系中南民族大学中央高校基本科研业务费专项资金项目（CSQ12007）、湖北省科技支撑计划（软科学研究类）项目（2013BDF030）和国家社科基金青年项目（14CTQ017）的研究成果。

王翠波于中南民族大学

2015 年 10 月

目　录

基础理论篇

前沿探索篇

实证应用篇

基础理论篇

第一章 企业技术竞争情报概述

企业技术竞争情报是指为满足企业技术战略决策需求，提升技术商业价值，实现企业商业竞争目标所需的技术信息和知识，是深化企业对内外部技术环境认知的基本条件。企业技术竞争情报工作代表以技术为中心、以竞争为导向的情报服务理念与行为，其理论和实践尚处于逐步发展和完善中。

第一节 企业技术竞争情报产生背景

作为现代经济发展的首要因素和决定性力量，技术一直是企业的动力源泉和可持续发展的保障，它支撑着企业的整个价值链，全方位影响着企业战略活动。而在企业技术创新与技术战略管理过程中，每一个决策都建立在对技术信息的系统收集和综合分析基础之上，技术竞争情报是制定技术战略的依据。技术竞争情报作为知识经济时代的新产物，其诞生有着复杂的社会和历史背景。自 20 世纪 90 年代末期出现技术竞争情报概念以来，技术竞争情报的企业实践与理论研究受到越来越多的关注。当前，发展战略性新兴产业已经成为地方政府抢占新一轮经济和科技发展制高点的重大战略。培育、发展战略性新兴产业，在地区经济发展中具有重要意义。为避免同其他多个省市自治区形成恶性竞争导致产能过剩等问题，各地区需要紧密结合区位优势、资源优势、产业优势和科技优势，规划发展具有区域特色的战略性新兴产业。地方政府需要了解国内外产业发展现状及趋势、产业布局及产业链构成等，评估自身产业基础及认识外部资源，准确选择特定产业进行重点突破，并建立同其他地区的协同关联，推动地区经济健康平稳可持续发展。而企业作为发展战略性新兴产业主体，技术竞争情报可辅助企业制定技术战略决策和规划，保持、提升企业技术竞争力；从微观角度看，技术竞争情报可以在企业多个环节发挥作用，提高企业对外部技术威胁或机会的识别能力，加强企业对技术发展、技术环境、竞争对手以及企业自身技术能力与优势的正确认知，有助于企业监视技术发展、选择关键技术等，这些活动可为企业技术创新提供有力保障。战略性新兴产业发展促进了企业技术竞争情报的崛起。技术竞争情报发展历程，一方面体现出企业实践人员和专家学者对技术竞争环境的深刻认识，另一方面也揭示出知识信息在技术竞争环境中发挥的重要作用。

一 企业技术竞争环境的复杂性及其对信息认知的需求

企业是社会的产物，无论哪一个企业，都会与社会中的其他对象产生一定关联，并处于一定行业体系中，而每个行业都会拥有为顾客提供相同或相似产品或服务的多个企业，当两个或两个以上的企业为了得到更多消费者的认可，获得较高的盈利水平，其竞争不可避免。当面对全球一体化的激烈市场竞争时，如何提升企业竞争力，从而把握企业前进的动力就更加受到企业关注。企业核心竞争力的培育可以使企业产生竞争优势，对企业具体经营和管理也将产生深远影响。

随着经济、技术发展的全球化趋势日益明显，企业所处竞争环境发生深刻变化。市场需求所带来的技术适用性与技术动态演化这一矛盾组合体制约和促进着技术发展，市场需求的适用性、技术演化的不可阻性、多主体推动与影响、技术发展的全球化、技术发展的集成化、技术发展的时间紧缩等一系列因素导致企业处于技术竞争环境中，如图1-1所示。

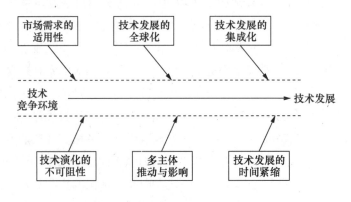

图1-1 技术竞争环境的复杂性

技术竞争环境的复杂性体现在如下几个方面[①]：

（一）市场需求的适用性及与市场要素的动态衔接

技术的发展与进步不仅在于技术本身的原因，还在于人们出于经济价值因素的考虑来主动寻求改进的机会。而在现代以经济动机为前提的生产经营中，人们已经认识到技术的适用性特征，并不一味追求技术的高水平，而是在把握市场机制前提下，将技术与市场需求以及市场增值进行有机结合，在确保企业、消费者以及社会等多方利益相对均衡的状态下，选择有利于实现企业价值最大化的技术水平。由于市场需求始终处于发展变化中，因此需要企业将技术与市场要素进行动态衔接。

（二）技术演化的不可阻性

虽然技术具有适用性的特征，企业需要根据市场需求确定合适的技术，但是，这种主观选择并不能阻止技术本身的发展，技术变化是历史发展的必然趋势。

（三）多主体推动与影响及对技术发展进程的影响

技术在其发展过程中会关联许多不同主体，既包括创造新知识以及应用新知识的技术开发者，也包括引导技术发展的政府部门、风险投资者等技术促进者，众多科研机构、政府部门以及公司都涉及拥有潜在利润的产品、过程和服务的商品化过程中。技术不是孤立存在的，技术开发者的决策、政府的调控、竞争对手的行动等都会影响技术发展进程。因此，企业为了有效管理、利用、开发技术，必须关注技术环境。从狭义上说，技术环境是一个由技术开发者和促进者构成的组织网络，代表社会中各种技术进步水平和方向，以及基础科学的研究水平和取得的进步。技术环境作为企业所处宏观环境的重要部分，与社会环境、经济环境以及政治环境有着紧密的内在联系。

（四）技术发展的全球化及其对技术竞争环境的影响

技术全球化极大提高了相关技术机构的依赖性，使得技术开发的资源配置不断发生变化，改变了技术环境中的组织机构和形态，同时在不同国家之间产生源于劳动力成本或原材料成本的技术比较优势，从多方面影响着技术环境及其变化。

---

① ［美］V. K. 纳雷安安：《技术战略与创新：竞争优势的源泉》，程源、高建译，电子工业出版社 2002 年版，第 18—36、170—198、213—217 页。

（五）技术发展的时间紧缩及其对技术竞争环境的影响

目前，将相关科学发现和进展转换为改进的产品和过程的速度越来越快，技术开发和商业化之间的时间跨度越来越短，同时也缩短了已有产品生命周期和投资回报周期，这种时间紧缩虽然给企业竞争优势带来新来源，但也造成了技术环境的快速变化。

（六）技术发展的集成化及其对技术竞争环境的影响

技术集成重在对现有技术进行结合与改造，是技术开发工作的一种重要形式。技术集成对技术环境的影响主要体现在如下两个方面：改变企业的技术来源，企业不能仅把内部技术开发作为唯一的技术来源，还必须从外界技术组织机构及时收集技术；加强技术环境中的相关组织机构联系、沟通与重组。

从上述技术竞争环境复杂性分析可知，技术环境的自发变化以及其他因素导致的发展变化使得技术环境处于极度不稳定状态，并具有不确定性。为了在技术变化速度越来越快的竞争环境中获取并保持竞争优势，企业需要及时把握技术发展，从复杂的技术环境中获取合适的技术，培育其核心技术能力。因此，企业存在着深层次的技术信息需求，而技术竞争情报可以帮助企业加强对技术发展、竞争对手以及企业自身技术能力与优势的正确认知，为企业技术创新提供有力支持。

二 企业技术创新中的信息作用模式及其对深度情报的需求

技术创新是企业提升技术能力的重要途径。技术创新是一个复杂过程，全面理解技术创新流程及其模式有利于更好地推进技术发展进程。从宏观上看，技术创新可以描述成"基础研究—应用研究—开发研究"序列；从微观上看，可以将其划分成"研究构想—实用化—商业化"过程。技术创新模型大约经历了技术推动、市场需求拉动、双向耦合、一体化模式以及集成网络模式等演变过程[1][2]：

（1）技术推动模式。在这种模式中，技术创新从基础研究发现出发，以技术推动作为企业技术创新过程的动力。这一模式在20世纪五六十年代占统治地位。

（2）市场需求拉动模式。随着人们对市场需求重要性的逐步认识，

---

① 赵刚等：《技术创新与企业竞争》，华夏出版社2003年版，第61—63页。

② 于晓宇、谢富纪、彭鹏：《知识管理与高技术企业技术创新模式的耦合性机理研究》，《情报科学》第25卷2007年第2期。

"需求牵引"模式在 20 世纪六七十年代受到重视。在这种模式中，技术创新被认为是首先认识到市场需求，然后再进行技术开发活动，推出满足特定市场需求的工艺或产品。这里，技术创新只是对市场的反应作用。

（3）耦合模式。耦合是指两个或两个以上的系统或运动方式之间通过各种作用而彼此影响以致联合起来的现象，是在各子系统间的良性互动下，相互依赖、相互协调、相互促进所形成的动态关联关系。耦合模式改变了过于极端化的技术推动或市场需求拉动这类线型模式，认为技术创新是技术和市场两者共同驱动的有机过程，从而将技术与市场联系起来。

（4）一体化模式。技术创新可以划分为研发原型生产和批量制造等活动阶段。"一体化模式"具有两方面的含义：第一，将技术创新看作是一个并行发展的过程，强调不同活动的同步因素，将不同阶段进行一体化。第二，强调与价值链中的其他成员进行紧密合作，同时开展技术战略联盟等活动，加强同横向机构的联系。

（5）集成网络模式。该模式是伴随着现代信息技术发展产生的。在该模式中，技术创新过程向网络化方向发展，企业技术创新过程中不同阶段、不同主体之间通过信息技术直接进行信息、知识和技术积累的传递和分享。集成网络模式相对于传统的技术创新模式具有更强的环境适应性和灵敏性，与外界环境的接触点更多。这也意味着，采取这种模式的企业在进行技术创新过程中需要更好地开发利用不同来源和渠道的信息。集成网络模式逐渐成为现代高技术企业技术创新模式的主要方向。

技术创新虽有很多模式，但企业无论采用哪种模式进行技术创新都离不开信息的支持，从简单的线型创新模式到复杂的集成网络模式，每一个创新阶段都建筑在技术信息、市场信息、供应链信息等基础之上，差别只在于不同模式对信息的关注范围和利用程度有所不同。自从技术创新活动作为一个专门课题进入学术研究范畴后，很多专家学者意识到信息在技术创新中的重要作用，并从企业技术战略管理高度对技术创新中的信息需求进行理论分析，对信息在技术创新中的作用、信息技术的发展对技术创新活动的影响等问题进行广泛的探讨。这里，将企业技术创新对信息的需求以及信息在企业技术创新中的作用与地位归为三类：

（1）信息资源论。信息资源论认为，信息是技术创新的重要资源，重在分析技术创新的各个不同阶段对信息的需求情况，认为设想、研发、实用化、商品化等不同环节所需的信息资源内容和类型有所不同，并且各种信息的重要性及其作用机理也有一定差异。日本著名经济学家斋藤优教授是信息资源论的主要倡导者，他从微观技术开发过程角度分析了设想、研发、实用化和商品化四个阶段中的信息需求及其重要性[①]，后续专家学者也沿着该思路对技术创新中的信息需求与保障体系进行了深入研究。[②]

（2）信息运动论。信息运动论在将技术创新看作是不同性质活动逐步展开且不断循环反馈的多阶段、多环节的过程基础上，认为其循环过程必然伴随着大量的信息运动，创新过程中的各个环节在使用信息的同时，也在不断产出信息。创新过程的启动通常需要一些关键"触发"信息来推动，而且对信息的数量和质量都有一定要求，信息运动论不仅承认信息在引发创新过程和保持创新过程顺利推进方面扮演着非常重要的角色，而且认为信息对于技术创新过程的重要性不仅仅体现在其自身的功能，还体现在它能够吸引其他要素向创新活动聚焦。这主要因为技术创新中的信息要素不是静止的，而是通过发生、流动、组合等运动过程在技术创新中发挥关键作用。为了研究技术创新中信息流动的特点与规律，曾有学者利用信息方法来研究技术创新过程，并构建技术创新中的信息模型。[③]

（3）信息过程论。信息过程论将技术创新对信息的需求研究推向了更深层次：将技术创新作为一个信息过程，运用信息观点，从技术创新系统的信息处理需要和信息处理能力之间的矛盾过程中分析系统如何实现其目的性运动，并提出技术创新是围绕其不确定性所展开的信息处理过程，其中，不确定性是因为关键性的基本信息不存在，通过将信息资源、信息主体、信息过程、信息系统等不同维度有机联系起来，将分散的、没有联系的数据通过各种方式加以组织，从中提取信息，并系统化为知识，才能更好地发挥信息在技术创新中的作用。[④]

"信息资源论"、"信息运动论"和"信息过程论"从不同的角度和层次对技术创新中的信息因素进行分析，阐明了技术创新与信息之间的关系，如"信息资源论"将信息看作是技术创新的一种不可或缺的外在资

① ［日］斋藤优：《技术开发论：日本的技术开发机制与政策》，王月辉译，科学技术文献出版社1996年版，第6—12页。

② 吴丹、易辉：《企业技术创新中的情报需求与情报信息服务》，《图书情报知识》2001年第1期。

③ 连燕华：《技术创新过程的信息模型》，《科学管理研究》1994年第2期。

④ 吴永忠、关士续：《技术创新中的信息问题研究》，《自然辩证法通讯》1999年第1期。

源，而"信息过程论"则从哲学高度分析技术创新本质，将技术创新本身看作是一种围绕不确定性展开的信息过程。然而，这些观点虽然在一定程度上展现了企业技术创新对信息的需求状况，但是并没有深入分析企业技术创新中信息的满足情况。正如"信息过程论"中所指出的，"创新主体的决策经常建立在不完全信息基础上，并且个人处理信息的能力是有限的"①，那么对信息的深层次加工处理就显得格外重要。如何适应社会环境变化，识别企业技术创新中深层次信息需求以及围绕企业技术活动提供准确、及时、全方位的预测性情报，成为目前关注的焦点，也促进了技术竞争情报实践工作与理论研究的产生与发展。

第二节　企业技术竞争情报定义和特征

技术竞争情报代表以技术为中心、以竞争为导向的情报服务理念，其理论和实践还处于逐步发展和完善中，一些研究机构和实践团体对技术竞争情报定义持有不同观点，比如，加拿大科技信息研究所指出，技术竞争情报是有关外部科学技术发展、趋势、机遇和威胁的信息，对这些信息的集成开发处理有利于决策者把握方向，辅助企业创新和商业活动决策。② 美国乔治亚理工学院波特教授认为，技术竞争情报是技术情报和竞争情报相结合的产物，其中，技术情报通过提前发现与企业商业兴趣有关的萌芽技术，探测技术机会，关注非竞争领域或受限竞争领域，而竞争情报跟踪竞争对手行为，探测其早期威胁。③ 竞争情报专家李艳博士对技术竞争情报给出如下定义：技术竞争情报是指能给组织的竞争地位带来重大影响的外部科学或技术的威胁、机会或发展的信息，以及这些信息的获取、监控、分析、前瞻和预警过程，是竞争情报理论和方法在科技领域中的应用。④ 笔者对于技术竞争情报的理解是：企业技术竞争情报是指为满足企

---

① 吴永忠：《技术创新的信息过程论》，东北大学出版社 2002 年版，第 8—19 页。

② CISTI，"CTI"，http：//www. tbs－sct. gc. ca/im－gi/imday07jourgi/pres/intelligence/intelligence－eng. pdf，2007－11－15.

③ Alan L. Porter，David J. Schoeneck and Paul R. Frey，"Mining the Internet for Competitive Technical Intelligence"，*Competitive Intelligence Magazine*，Vol. 10，No. 5，September－October 2007，pp. 24－28.

④ 李艳、赵新力、齐中英：《技术竞争情报的现状分析》，《情报学报》2006 年第 2 期。

业技术战略决策需求，提升技术商业价值，实现企业商业竞争目标所需的有关技术信息和知识，其有的于深化企业对内外部技术环境的认知。

　　技术竞争情报作为一个新概念，并不是对传统科技情报的摒弃，而是根据新的社会需求，将目标瞄准在为企业创造技术竞争优势。它同时吸纳技术战略管理理论、竞争优势理论，并应用竞争情报相关分析方法，将科技情报工作进一步拓展与创新，使科技情报事业更好地介入企业的技术战略决策，为科技情报事业适应社会变革开辟了更广阔的发展空间。从研究内容上看，技术竞争情报研究以企业为主体，以服务企业商业竞争为目标，融合科学情报研究和经济情报研究，开展技术监控、技术预见、技术机会分析与识别等业务活动，实现技术商业价值的最大化。表1-1从服务主体、信息范围、目标作用、基本属性和外在形态角度对企业技术竞争情报特点做了进一步分析。

表1-1　　　　　　　　　　企业技术竞争情报特征

维度	特征概要	相关描述
服务主体	高新技术企业	技术竞争情报主要是为高新技术企业服务，其发展与创新对科技的依赖度最高，因此对技术竞争情报的需求尤为突出
信息范围	凡有利于加强对技术环境的认知	首先，技术竞争情报的来源不仅仅指技术信息，还应指与技术相关的信息或能对技术产生影响的信息；其次，信息源对象主体不仅仅限于竞争对手，还应包括相关科研机构、政府、客户、供应商以及企业自身
目标作用	技术战略决策支持	从宏观看，技术竞争情报首要目标就是辅助企业制定技术战略决策和规划；从微观看，技术竞争情报可以提高企业对外部技术威胁或机会的识别能力，加强企业对技术发展、技术环境、竞争对手以及企业自身技术能力与优势的正确认知，甚至对于生产制造、营销、财务规划等环节都会起积极作用①
基本属性	战略性	技术竞争情报能引导企业确定技术战略目标，它作为企业整个战略规划过程各环节中的必不可少的情报输入，无论结构还是功能，都是企业技术战略管理系统的重要组成部分
	增值性	技术竞争情报的增值性是通过输入、输出这样一个系统过程产生的，它根据技术决策需求，获取一些原始的公开技术信息，并经过处理分析与转换，输出为能由此做出决策或采取行动的情报

① 王立荣：《面向核心竞争能力的技术竞争情报工作》，《现代情报》2007年第7期。

续表

维度	特征概要	相关描述
基本属性	可行性	技术竞争情报不是束之高阁的教条，而是能辅助、指导企业实际的技术战略活动，要求目标可行、过程可行、结果可行，而这些又通过具体的活动环节和实践模式得到保证
	组织性	技术竞争情报是企业对情报行为的需求发展到一定程度的产物，它主要不是个人行为，而是有组织的、系统化的工作，有效的企业技术竞争情报工作需要建立正式的组织机构①
	合法性	技术竞争情报重在对公开技术信息的采集与处理，并通过这个系统过程得到增值情报，而不是寄希望于通过采取不正当手段获取竞争对手的技术诀窍等商业机密
外在形态	过程	技术竞争情报是围绕企业技术战略开展的一系列活动，其行为包括需求识别、信息采集、情报分析、情报表示与提供等
	产品	技术竞争情报也用于表示上述过程的结果，是技术竞争情报活动的产物
	服务	技术竞争情报也表现为一种服务，由企业内部组织或其他外部机构有计划、有目的提供，如有可能，还可以对其服务效果进行评估
	能力	技术竞争情报活动不仅需要技术战略理念指导，还需要信息处理与分析技术的支撑，并且还需要将两者进行一体化整合，因此可以折射出企业的整体能力

第三节　企业技术竞争情报理论基础

　　技术竞争情报是一个具有多学科理论交叉特性的实践研究领域，它的形成与发展吸收了许多其他领域成果，其中，竞争优势理论、技术战略理论是技术竞争情报的重要理论基础。

---

　　① 包昌火、赵刚、李艳等：《竞争情报的崛起——为纪念中国竞争情报专业组织成立10周年而作》，《情报学报》2005年第1期。

一 竞争优势理论及与企业技术竞争情报的契合

竞争是市场经济的基本特征，是人类文明社会赖以发展的动力源泉，也是市场机制发挥功能和有效运转的基本条件。企业作为竞争的微观经济主体，在市场经济条件下，为了争取实现企业自身的经济利益，不可避免地要与其他商业活动组织之间发生争夺和对抗的经济关系。企业竞争具有如下特征[①]：

（1）市场客观性。市场经济是企业竞争的客观环境，竞争的存在不以人们的主观意志而转移。

（2）市场导向性。企业竞争是以市场为导向的，以市场作为开展竞争的主要场所，以目标市场选择、拓展、占领以及提高市场占有率为目标，以市场需求作为企业生产经营的指导思想。因此，需要把满足市场和用户需要作为前提开展企业竞争。

（3）竞争的策略性。企业竞争具有策略性。企业处于动态变化环境中，需要根据客观环境，把握事物客观规律，及时做出战略性抉择。认识企业竞争策略性特征的意义在于重视信息和情报在决策过程中的重要作用，以科学的态度开展竞争，从根本上降低盲目竞争的风险性。

正是由于竞争具有客观性及策略性等多方面特征，使得竞争有可能并必然成为理论研究的重要内容。现代竞争理论深入研究竞争的微观经济主体——企业，而竞争优势作为贯穿现代竞争理论发展的一条主线，是战略管理学的主要研究问题。关于竞争优势的分析研究历经不同的理论形态。不同的理论形态对于竞争优势的影响因素、决定力量等有着不同的见解[②③]：

（1）市场导向观。市场导向观以五种竞争力量（即企业竞争者、购买者、供应商、替代者、潜在竞争者）作为竞争战略理论核心。该理论认为：公司制定战略与其所处的外部环境（即市场）是高度相关的，并且最关键的环境因素是企业所处的产业，产业自身的吸引力和企业在市场中获得的位势是竞争优势的来源，为了保持这种优势，企业必须不断地进

---

① 胡大立：《企业竞争力论》，经济管理出版社 2001 年版，第 9—10 页。

② 张文礼：《不战而胜——企业持续竞争优势的新视角》，中国社会科学出版社 2006 年版，第 1—18 页。

③ 李林华、容春琳：《现代竞争理论的演进及其对竞争情报研究的影响》，《图书情报工作》2007 年第 5 期。

行战略性投入以构筑行业壁垒和保持优势位势。这种市场导向观实际上将企业外部条件看作是确立竞争战略的基石，竞争优势是一种外生型优势，理解行业结构是战略制定的起点。这种以产业组织理论为基础的市场导向观存在一定理论缺陷：以产业为研究对象，认为产业内企业是同质的，企业战略的选择取决于企业与外部力量的外部位势，未来企业的内部成长和自身力量变化并不是现在企业制定战略所考虑的问题。

（2）资源基础论。基于优势外生的市场导向观过于强调市场环境力量，而忽视企业自身的物质和能力，无法解释处于同一行业的不同企业间的绩效方面存在显著差异的原因等一系列问题。资源基础论认为企业是一个资源集合体，并且与企业外部条件相比，企业内部条件对于企业占据市场竞争优势具有决定性作用。这一理论虽然弥补了前一理论的不足，但也同样存在缺陷：过分强调企业内部而对企业外部重视不够，不能适应环境变化的需要；可以划分为物资资源（自然技术、工厂和设备、原材料获得渠道等）、人力资源（培训、经验、判断力、智力、关系等）和组织资源（正式制度和结构）等，那么，怎样知道哪些资源是战略性的，哪些是能在面临竞争时提供最大持久利益的资源呢，对专有资源的确定过于模糊，操作困难。

（3）企业能力理论。企业具有独特资源并不一定就会获得竞争优势，只有独特的资源创造出客户价值才谈得上竞争优势，因而企业拥有稀缺资源是获得竞争优势的必要条件，而非充分条件。此外，虽然企业具有稀缺的资源，以及这些资源的不可模仿、替代或转移使其更有可能获得竞争优势，但具备这些条件并不意味着就一定能获得竞争优势等。进一步地，有形资源和无形资源存在的价值就在于它们各自背后的能力。于是，核心竞争力理论通过引入"能力"概念来弥补"资源"在解释竞争优势来源方面的不足。从本质上讲，企业是一个能力集合体。能力不只是资源集合或资源束，更反映着人与人之间、人与其他资源之间相互协调的复杂模式。企业能力理论将企业的竞争优势归结为企业配置、开发、保护资源的能力。

（4）企业知识理论。企业能力理论强调能力对于竞争优势的重要性，而能力的差别又是如何产生的呢？能力差别的背后实际上是知识存量的差别，当前的知识存量所形成的知识结构决定了企业发现未来机会、配置资源的方法，企业内各种资源效能发挥程度的差别都是由企业现有知识决定的，能力是知识存量的外在表现。

（5）合作竞争理论。传统竞争理论过分强调竞争的对抗性。现代自组织理论、协同理论、混沌理论以及其他一系列科学研究成果让人们重新认识生物界充满了协同进化和合作，并揭示出这些活动可能比竞争更具有重要的影响作用。战略联盟竞争观念在组织界面上寻找提高生产力和竞争优势的战略，超越传统竞争的胜负对抗思想，看到竞争企业之间不仅存在着一方受益必以他方受损为代价的互为消长的正负和输赢关系，而且还大量存在着共同受益的互为共生的正正和赢赢关系。合作竞争模式以战略联盟竞争观念作为指导，既强调竞争，又强调合作，追求竞争与合作的对立统一，并主张共同进化，通过横向联合与纵向兼并，创造竞争优势，以保持其市场地位与市场份额。

竞争优势理论既是技术竞争情报诞生的理念基础，也是技术竞争情报发展的行动指南。竞争优势理论正在逐渐深化，由基于外部环境的市场导向观发展成为重视内部条件的资源、能力和知识观，并逐步承认企业竞争优势不仅受外部影响，而且内生于企业，两方面共同构成竞争优势的来源。[①] 竞争优势理论不仅为技术竞争情报工作奠定了理论基础，而且指明了技术竞争情报的关注焦点、工作中心和研究内容，两者之间存在天然的依存关系：

（1）竞争优势理论为技术竞争情报工作明确了"保持企业竞争优势"的基本目标。

（2）技术竞争情报理论与竞争优势理论同步演进。竞争优势理论的发展对技术竞争情报工作产生了深远影响，不同竞争优势理论下的技术竞争情报基本任务和工作重心不同。基于现代竞争理论的演进，技术竞争情报范围也越发广泛，既包括对外部竞争环境的理解，也包括对内部技术环境的深入认识和开发利用，企业技术竞争情报因此也可划分为企业外部技术竞争情报和企业内部技术竞争情报两个基本类别：①基于"优势外生"理念的外部技术竞争情报——在"优势外生"理念下，技术竞争情报工作主要利用外部信息资源产生技术战略决策所需知识，重在对环境与竞争对手的监视与分析，理解市场与竞争行为。此时，外部技术竞争情报集中

---

① 李林华、容春琳：《现代竞争理论的演进及其对竞争情报研究的影响》，《图书情报工作》2007 年第 5 期。

于对企业外部技术环境的描述与分析，通过监视外部环境中的行业管制、法律、专利和标准的变化，跟踪技术环境当前和潜在的变化及征兆，识别技术发展模式并判断其演化，预测技术环境变化，把握技术机会，从而辅助企业进行技术开发、研发管理以及产品创新。②基于"优势内生"理念的内部技术竞争情报——"优势内生"理念认为，企业竞争优势的获取需要企业密切关注企业自身资源和能力，企业内部通常拥有许多文献资料、研发报告等信息，这些信息是企业的智慧结晶，是一笔无形的知识资产，对其进行开发利用能快速提升企业核心竞争力，少数企业，特别是国外的企业，尤其重视从内部非结构化信息源中找到企业发展的内在动力，通过挖掘企业内部技术竞争情报可以帮助了解企业自身的技术专长和技术储存，更好地评价企业自身的技术能力和竞争优势与劣势，从而更有针对性地收集竞争对手的优势与核心竞争力方面的情报以寻求合作的基点与契机，也有利于从外部获取合适的技术使用权、收购相关技术、缔结外部研发合约，以及出售技术使用权等。

（3）技术竞争情报工作是实施竞争优势战略的保证，为开展竞争优势战略提供了可以具体执行的方案和工具，在一定程度上制约或促进竞争优势战略的有效实施。

二　技术战略理论及与企业技术竞争情报的契合

技术战略将技术作为竞争重要因素，从技术维度研究企业战略。技术战略是企业为了获取技术竞争优势而进行技术选择时变现出来的外在形式。企业成功和企业的技术选择密切相关，企业在参与市场竞争的经营过程中需要做出无数技术选择，如技术适用性的选择、技术在产品开发中的应用方式的选择、技术执行方式的选择等。①

（1）技术适用性选择。企业需要根据自身技术资源状况和技术能力，以及外部技术环境，对需要发展的技术进行选择。技术适用性选择不仅要针对企业的硬件主导型技术（即核心产品开发技术），也要关注软件主导型技术（即非直接相关技术与管理技术）。

（2）技术在价值链中的应用。企业价值链中的每个活动都是将某种技术与原材料以及人力资源相结合得到某种产出。这种技术所包含的范围

① ［美］U. K. 纳雷安安：《技术战略与创新：竞争优势的源泉》、程源、高建泽、电子工业出版社2002年版，第18—36、170—198、213—217页。

非常广，既可以是产品开发中的计算机辅助，也可以是复杂的后勤学。技术在价值链中的应用就是在运作中开发技术能力，它不仅包括价值链活动中的特定技术的选择，还包括对现有活动进行合并后选择集成技术。

（3）技术在产品开发中的应用。技术在产品开发中的应用就是在产品或新产品中应用技术能力，既可以是通过提升产品技术增加或改变产品的某些特征，也可以是放弃过时技术，通过技术替代或技术结构性创新开发新产品。

技术选择不仅包括对于技术本身的选择，还包括对于技术执行方式的选择，这两个方面相辅相成，不可分割。

（1）企业内部研发。这种形式较适合于有足够资源并拥有强大技术能力的企业。

（2）技术战略合作。由于资金、时间、风险等方面的限制，企业内部单独研发模式会使企业承受非常大的压力。在目前的全球化竞争环境中，为提高企业以及所处行业的竞争力，很多企业采取技术战略联盟的形式进行技术开发，共同达到竞争目标。

（3）技术能力外包。技术外包也是提高企业技术能力的一种方式。技术能力外包需要综合考虑技术竞争地位以及技术对于企业的重要程度。

战略性技术选择能够提高企业的竞争优势[1]：

（1）创造全新业务。企业通过根本性创新的形式提高企业技术能力，这些技术能力可产生许多新业务，并以产品的形式体现出来，被领先企业推向市场。

（2）改变现有竞争领域的竞争规则。企业通过在产品或价值链中进行技术选择和应用，能够提高相对于竞争对手的市场地位，从而改变竞争领域的竞争规则。

（3）支持现有业务。通过技术选择，使用新的材料或改善制造过程，提高产品性能或提高消费者满意度，从而提高企业在现有竞争领域中的竞争地位。

成功的技术选择需要根据企业长期目标和竞争环境，制定合适的技术战略并加以有效实施。

---

① 程源、雷家骕、杨湘玉编著：《技术创新：战略与管理》，高等教育出版社 2005 年版，第 40 页。

表1-2在参考技术战略构建一般环节基础上①，根据不同阶段对其主要活动及其信息需求进行总结分析，从表中可以看出，技术战略的形成构筑在对技术战略环境的充分认识的基础上，需要获取大量技术信息，并将这些信息有效融合到技术战略形成过程中。

表1-2　　技术战略构建不同阶段及其主要活动和信息保障需求

不同阶段	主要活动	相关描述	信息保障需求
第一阶段：技术战略分析	技术环境分析	识别技术状况以及对竞争领域的潜在影响	技术战略分析阶段需要采集大量关于技术环境、技术资源、技术能力方面的信息，并进行综合分析为技术战略形成提供战略输入 ⇓ 技术选择的执行需要进一步进行调查，获取相关企业技术能力信息，从而选择独自开发、技术战略联盟或技术能力外包
	企业竞争地位分析	分析企业相对于竞争对手的能力，以及自身战略定位所需要的技术能力	
第二阶段：技术战略形成	技术适用性选择	根据企业自身技术资源的状况和技术能力的水平，以及外部技术环境，对需要发展的技术进行选择	
	技术在价值链中的应用	在运作中开发技术能力	
	技术在产品开发中的应用	通过提升产品技术含量改变产品特征，通过技术替代或技术结构性创新开发新产品	
第三阶段：技术战略执行设计	执行模式确定	技术战略执行前需确定执行模式、内部组织形态等	
第四阶段：技术战略执行	执行技术选择	建立执行技术选择时所需的详细开发计划，并进行资源配置	

技术战略与技术竞争情报之间存在如下关联：

（1）技术战略为技术竞争情报提供了更加具体的理论指导内核。技术战略作为保持、提升企业竞争优势的重要手段，为技术竞争情报工作的开展提供了战略层次的理论指导，并且加强了技术特性，使得技术竞争情报拥有了更加具体的理论核心。

---

① 程源、雷家骕、杨湘玉编著：《技术创新：战略与管理》，高等教育出版社2005年版，第40页。

（2）技术战略构建离不开技术竞争情报的支持。从技术战略构建环节的分析中可知，技术战略必须依据技术竞争情报来制定。技术竞争情报可以收集企业内外部有关技术环境信息，并通过解释、推断等分析环节为技术战略制定提供必要的输入。

（3）技术战略典型活动与竞争情报之间的相互支撑与促进。技术战略的开展包括一些典型活动，如技术预见。而传统概念范畴下的技术预见与竞争情报之间从行为属性、信息源种类、研究方法等角度看，均存在一定重合，或两者对接，能获得比任何一方单独使用更好的效果。[1][2] 而技术竞争情报正是技术战略活动与竞争情报相互融合的产物，能有效促进技术战略的实施，提升企业竞争优势。

第四节   企业技术竞争情报的采集

企业技术竞争情报工作以技术为中心、以竞争为导向、以信息为基石、以分析处理为手段，通过对企业自身、竞争对手、外部机构等信息源进行知识层次的深加工处理，可获取用于支撑企业技术管理决策活动的情报。它作为技术战略制定的必要输入，可有效地促进技术战略的实施，提升企业竞争优势。

伴随着社会信息化进程和资源数字化的不断发展，网络信息资源已成为企业和政府部门的主要竞争情报来源。面对海量的网络信息环境，如何有效采集有价值的情报以支持企业技术战略决策，成为一个亟待解决的难题。本节首先对重点行业领域中的有关企业以及管理与研究机构进行多方面的现状调查，并在此基础上详细分析其情报采集的特点、不足以及发展趋势，为探讨企业技术竞争情报挖掘提供支持。

一   企业技术竞争情报采集现状

为透彻了解目前企业技术竞争情报获取工作的现状，这里采用网络调研方式，选择能源化工、机械电子、生物医药等高新技术领域的相关企业，通过查阅竞争情报系统提供商所提供的产品应用案例介绍以及竞争情报业界所

---

① 陈峰：《开展竞争情报与技术预见交叉研究的若干发现》，《图书情报工作》2007 年第 2 期。

② 陈峰：《竞争情报从业者在技术预见活动中的作用》，《情报理论与实践》2007 年第 5 期。

发表的实践报告、文献著作等，在收集并综合分析有关信息的基础上，力图全面了解企业开展竞争情报采集工作的现状。由于调研主要建立在第三方信息介绍的基础上（只有少数资料来自企业或企业员工对外的宣传介绍），并且信息本身会有一定的滞后性，因此不可避免地存在与具体某个企业的现实状况有所出入的情况，本书力求从总体上把握、分析企业竞争情报采集现状与特点。表1-3列出了部分调查对象（排序不分先后）。

表1-3   调查对象

序号	行业领域	单位名称	序号	行业领域	单位名称
1	家电	海尔集团	7	能源	河南中原绿能高科有限责任公司
2	通信	广东电信科学技术研究院			壳牌国际集团公司
		中国网通集团研究院			上海宝钢钢材贸易有限公司
3	电子	某显示器件企业 HS 公司	8	生药	奥地利 Nabriva 生物制药公司
4	自控	维堡自动化仪表（苏州）有限公司			美国 aTyr 生物科技公司
5	机械	吉林通用机械公司			Leukemia & Lymphoma 血癌协会
6	化工	陶氏化学公司			成都金珠生物科技有限公司
		和氏璧化工	9	食品	Tetra Pak（利乐）公司

表1-4是对调查结果的汇总，按照表1-3列举的调查对象，对其竞争情报需求及其采集现状进行了简要介绍。

表1-4   调查结果

相关单位	需求简介	获取现状简介
海尔集团[①]	该集团技术研发中心承载着为海尔集团提供"绿智能"核心技术支持的使命，需动态跟踪、采集、分析全球经济、市场、技术情报信息，为海尔集团战略决策提供依据	该中心构建了较完善的竞争情报体系，围绕关键情报课题，能对专利、标准等多种类、多渠道信息进行全面归类并应用 SWOT、竞争力分析模型等对技术市场动态进行深层次战略分析，目前，在日本、美国、欧洲、中国等地设有上万个信息采集点，为推进用户、供应商、资源深度参与交互这一开放式技术创新体系，设置了600多个云交互网络入口，形成了日均100万活跃粉丝参与产品前端个性化设计的互动大数据平台

续表

相关单位	需求简介	获取现状简介
广东电信科学技术研究院[2]	由于电信行业是一个巨大的产业链，需要关注的情报范围十分广泛，需要获取大量的外部信息	该研究院采用自动分类、过滤等方法开展情报采集工作
中国网通集团研究院[3]	为提高集团核心竞争力，该研究院需要准确及时获取有关宏观环境和行业发展的信息	该研究院所采用的竞争情报系统支持文字、图片、表格等多类型信息内容的采集，以及XML、HTML、PDF、Word等多类型文档的采集，并可对自动采集的互联网信息进行自动分类、自动去重等处理
某显示器件企业HS公司[4]	面对国际市场竞争激烈，该公司需要创建一个融合技术情报和商务情报的综合性平台，适时集成、快速反应宏微观市场环境变化，实时跟踪、预测OLED面板技术和量产技术发展趋势，支持企业技术突破并推出创新性应用产品	为增强情报工作的系统性及战略决策支撑性，该公司构建了以技术情报为核心的综合性情报系统。该系统以人为核心，通过较规范的情报激励、评价和流程管理机制，鼓励全员参与形成情报池，并根据特定情报需求组建临时分析团队，借助于逻辑推理、结构分析、技术文献分析、技术图表分析等理念和思路，运用定量和定性相结合的方法，对零碎、无序的信息进行资讯汇总、分类及综合分析。该公司所推进的综合情报策略，其情报需求内容多维化、信息渠道多样化，现有系统需进一步通过智能化数据采集与分析手段进行改进
维堡自动化仪表（苏州）有限公司[5]	该公司属工控行业，产品涵盖电子、机电、计算机、人工智能等多领域技术，同时面临高端外资品牌和新兴创新型公司的市场竞争。高技术含量以及复杂行业竞争特性使得该公司具有较强的情报需求，需要及时了解有关政策法规、竞争对手生产运营状态以及技术研发动态等	该公司目前的竞争情报工作处于初级阶段，尚未构建专门的情报部门和完善的情报系统，主要通过公司产品经理零散收集、人工汇总互联网信息，信息源缺乏且分析简单

续表

相关单位	需求简介	获取现状简介
吉林通用机械公司⑥	该公司隶属汽车零部件产业，该产业低端技术产品生产已产能过剩，技术创新是公司的发展战略：公司2012年以合资并购形式获取了国外相关企业铝锻和铝铸等领域全新的专利和技术，但如何保持技术领先和技术敏感，需要技术竞争情报介入技术战略管理中	该公司2013年开展了"汽车铝锻产品竞争情报跟踪和分析"专题模拟项目，引领公司逐步构建竞争情报系统体系及组织架构雏形，但情报采集、分析尚处于粗放式阶段，局限于零散文献资料的低层次摘抄，缺乏系统性的增值开发等，后续将进一步结合公司财务、人力资源等实际，借助于语义检索、文本挖掘等信息技术措施，使得网络环境下的技术情报工作更经济、更及时、更有用
陶氏化学公司⑦	该公司希望从多年所积累的文献资料和研发报告这笔知识资产中挖掘企业未来发展的动力	该公司采用信息抽取引擎，在将大量的文献和报告数据化的基础上，在领域专家的辅助下从非结构化文本中动态识别出物质、产品、公司、人物等实体，并将其存入知识库中，为企业技术情报分析打下扎实的基础
和氏璧化工⑧⑨	该公司属于化工原料贸易分销行业，被称为"化工行业的沃尔玛"，在其供应链管理中需及时了解上游供应商技术产品、下游客户资源需求及最新市场动态与应用方向等信息，并通过全员情报进一步增强企业未来竞争力	该公司将竞争情报理念融入整个供应链管理，曾荣获"2011年中国竞争情报最佳实践奖"，已构建特有的CI竞争情报系统，现有信息管理系统已积累大量进出口海关数据、来自1000多名专业销售人员实时获取的客户需求信息、8000多种产品详细资料等内部资料，以及外部供应商技术资源、行业技术资源等，需要高效的分析系统为竞争战略制定提供快速、准确、理想的竞争战略决策及成本控制等战术支持
河南中原绿能高科有限责任公司⑩	该公司从事天然气应用技术开发，承担了多项国家节能环保项目，需及时感知经济、资源与政策环境，把握国内外天然气应用技术产品发展，识别市场发展影响因素和市场竞争格局，预测天然气应用技术销售趋势，为企业决策提供深入了解行业信息的重要渠道和工具	以定制开发的GoonieCIS作为服务平台，自动批量采集互联网行业资讯及企业内部电子文档等原始信息后，通过动态监视工具实现增量采集和实时更新，并基于文本挖掘技术对整合资源进行自动排重与分类、主题词自动提取和摘要生成等情报处理，经专职人员进行量化对比和统计分析，形成简报和报告等竞争情报研究成果供企业决策层参考

相关单位	需求简介	获取现状简介
壳牌国际集团公司⑪	该公司希望能自动化收集、分析互联网上的海量信息,并提高情报采集的深度和可信度	该公司采取一系列竞争情报策略,如将竞争情报系统与知识管理系统相融合,分类整理、深层次分析对手、客户、市场、技术等方面的信息
上海宝钢钢材贸易有限公司⑫	该公司需要将从企业内外信息资源中所获取的信息整合到统一的系统平台中	该公司使用基于统计学习原理和关键词过滤规则的自动分类,按照事先设定的分类体系对企业内外部信息资源进行统一分类存储。此外,还可以进行自动摘要和自动标引
奥地利 Nabriva 生物制药公司⑬	奥地利 Nabriva 致力于新一代抗生素的研制。作为一家从瑞士诺华制药独立出来的小企业,其研发经费主要来自风投基金,因此,该公司面临的首要任务是向风投公司描述行业竞争优势和竞争格局	为了快速、准确描绘研发项目的技术竞争优势,该公司使用汤姆森路透集团专门针对生物制药行业构建的 CI 产品 Cortellis™,可对化学结构、药物研发管线、专利保护等庞大历史数据资源和实时更新的汤姆森路透专家信息进行多源集成和可视化分析
美国 aTyr 生物科技公司⑭	该公司商务拓展部一方面需要把握了解分子学、生物学等任一相关兴趣领域最新发展;另一方面还需要了解其他公司药品制剂研发状态,发现潜在市场机会	该公司相关部门最初由内部人员使用纯数据挖掘工具进行数据整理和手动分析,但时间及资源投入较多,效率较低。自 2011 年起,借助专业大数据平台服务商提供的可信信息集成分析服务,不仅可获得更具深度的高质量解决方案,而且专业大数据平台效率可提升 5 倍以上
Leukemia & Lymphoma 血癌协会⑮	总部位于纽约的 Leukemia & Lymphoma 血癌协会是全球规模最大的志愿卫生机构,自 1949 年以来一直致力于血癌的研究与治疗,发挥着科学研究和药品开发之间的桥梁作用。鉴于许多学术研究人员虽然有了重要的发现,但缺乏药物开发环节经验和渠道,该协会一方面需要辅助科研人员尽快寻找具备竞争力和合作潜力的制药公司,另一方面需要反向把握科研领域研发人员结构、研发路线图、研发进展及其影响因素,以促进整体发展	起初,该协会主要依赖 Google 搜索等公共资源了解领域状态,缺少外部数据管理工具,这在很大程度上影响了其工作效率。为了更准确、更快速地识别某一研究发现是否已存在具有相似药用效果的可替代产品等,该协会采用了某竞争情报系统,实际运行中具备如下优势:通过研发管道数据可生成产业路线图并识别突破点;可全面认识相关专利状态,及时推进产业发展;通过集成市场数据,可预测新药市场潜能

续表

相关单位	需求简介	获取现状简介
成都金珠生物科技有限公司[16]	面对医药产品行业的激烈竞争，该公司希望开展系统化、有针对性的竞争情报收集和分析工作	该公司构建了详细的竞争情报收集指标体系。系统使用网络爬虫软件进行自动收集，并由人工对自动获取的网络信息进一步确认后录入数据库。系统预置了数据库挖掘模块，计划随着信息的积累，将进行深层情报的提取与应用
Tetra Pak（利乐）公司[17]	利乐是食品包装、无菌技术领域的领军企业，设有专门的商业情报部门，专门负责收集、处理食品技术行业及客户市场等相关信息。由于生产线遍及160多个国家，员工逾2万，内部信息渠道众多，采用多种采集工具对多源信息进行汇总分析难以快速发现新的创新点	采用 Comintelli 公司的竞争情报与知识管理产品 Knowledge XChanger 作为基础平台，可实时采集 Word 文档、E – mail、Web 网页、社会媒体等多源非结构化信息后并基于主题地图进行信息抽取和结构化，能使用内置的定标比超、矩阵分析等工具进行模式及趋势分析

注：①海尔集团：《海尔集团技术中心简介》，http：//www. haier. net/cn/research_ development/rd_ system/research_ center/，2014 年 7 月 16 日。②中国知识管理中心：《基于知识管理架构的竞争情报系统——记广东电信竞争情报系统案例》，http：//www. kmcenter. org/ArticleShow. asp？ArticleID =930，2006 年 12 月 27 日。③中国网通集团研究院：《中国网通集团研究院竞争情报系统》，http：//www. ccw. com. cn/cio/solution/htm2004/20040929_ 10GSN. asp，2006 年 10 月 22 日。④肖仙雄：《HS 公司竞争情报系统构建研究》，硕士学位论文，电子科技大学，2013 年，第 16—19、53 页。⑤焦莹：《维堡公司竞争情报系统构建研究》，硕士学位论文，兰州大学，2013 年，第 16—17 页。⑥李金玲：《吉林通用机械公司竞争情报体系构建》，硕士学位论文，吉林大学，2013 年，第 15、19 页。⑦Dow Chemical Company，"ClearForest Client – the Dow Chemical Company"，http：//www. clearforest. com/Customers/Dow. asp，2007 – 01 – 10。⑧金福和：《和氏璧化工集团聚羧酸减水剂产品竞争战略研究》，硕士学位论文，山东大学，2013 年，第 62—69 页。⑨上海和氏璧化工有限公司：《和氏璧化工荣获 "2011 年中国竞争情报最佳实践奖"》，http：//www. ncmchem. com/news/news_ show. jsp？id =242，2011 年 12 月 29 日。⑩谷尼国际软件（北京）有限公司：《谷尼企业竞争情报系统》，http：//www. goonie. cn/products/2011/12/2011 – 12 – 31341. html，2013 年 5 月 13 日。⑪［美］约翰・E. 普赖斯科特、［美］斯蒂芬・H. 米勒主编：《竞争情报应用战略——企业实战案例分析》，包昌火、谢新洲等译校，长春出版社2004 年版，第 50—71 页。⑫计世网：《宝钢钢贸企业竞争情报系统应用案例》，http：//www. ccw. com. cn/cio/solution/htm2005/20050110_ 15FX0. asp，2006 年 10 月 25 日。⑬Klaus Thirring，"Painting the Competitive Landscape：A Single Source for a Complete Picture"，http：//thomsonreuters. com/products/ip – science/04_ 061/case – study – nabriva. pdf，2014 – 8 – 8。⑭Mike Wood，"Competitive Timelines：How Cortellis Competitive Intelligence is Accelerating Research at a US Preclinical Biotech Company"，http：//thomsonreuters. com/products/ip – science/04_ 061/tr – cortellis – for – ci – a – tyr. pdf，2014 – 8 – 8. ⑮Jim Kasper，"Navigating the Pipeline"，http：//thomsonreuters. com/products/ip – science/04_ 061/leukemia – lymphoma – society，2014 – 8 – 10。⑯包昌火、谢新洲、李艳等：《企业竞争情报咨询活动案例分析》，《情报学报》2004 年第 1 期。⑰Anders Paander，"Knowledge XChanger[TM] in Action：Tetra Pak"，http：//www. comintelli. com/tetra – pak，2014 年 8 月 9 日。

二 企业技术竞争情报采集特点

根据调查结果，从企业竞争情报需求和企业采取的竞争情报采集方法两方面分析企业竞争情报采集特点。

从总体上看，企业技术竞争情报需求有如下特点：

（1）企业内外结构化信息的深层挖掘与分析的需求。目前企业都已实现了信息源的浅层开发与利用，但也意识到企业内外数据库蕴含的潜在价值，希望从结构化信息的挖掘与分析中获取更深层次的情报。

（2）企业内外非结构化信息和实时动态情报的获取与利用需求。企业内外通常拥有许多文献资料、研发报告、交互消息等非结构化信息和实时动态情报。目前，大多数企业都重点获取互联网上的非结构化信息和实时情报；少数企业，特别是国外的企业，尤其重视从内部非结构化信息源这笔无形知识资产中寻找企业发展的内在动力。

（3）跨平台、跨网络的分布异构海量信息的集成处理与利用的需求。大部分企业都希望能构建一体化获取平台，集成企业内外部信息，并从中提取有价值的情报。

为了满足多方面情报需求，大多数企业利用相关竞争情报工具展开系统化情报获取工作。其中，所采用的获取技术与方法主要包括：

（1）基于关键词的在线信息检索。这种方式属于一种被动式的自动收集方式，需要花费大量时间利用通用搜索引擎或采用企业自行开发的软件系统从网络上检索信息。

（2）基于主题的信息定制检索。这种获取方式属于主动式信息检索，但与"基于关键词的在线信息检索"方式有所区别的是，它可以借助相关软件系统进行特定主题的自动搜索或主动式的个性化检索。不少企业使用这种方式开展技术竞争情报获取工作。

（3）自动收集、自动标引、自动分类、自动摘要、智能检索等智能化处理方式。调查发现，大多数企业都采用不同程度的智能化手段辅助情报获取，基本实现了信息的自动收集，大部分还实现了自动去重，少数企业还实现了基于自动标引和自动摘要的情报获取。智能检索和自动分类是目前企业情报获取中最受关注的一类智能化获取方式。

（4）采用一定的研究模型进行情报析取。少数企业采用定性和定量相结合的途径，设计了若干竞争情报分析模型，用于从数据库中析取情报。

（5）数据库挖掘。少数企业目前已开始或计划采用数据库挖掘技术，从企业内部结构化数据源中通过联机分析处理和数据挖掘技术进行深层情报的提取。

（6）文本挖掘。文本挖掘方法可以帮助企业从海量内外部文本信息源中提取有用情报。目前这种方式在所调查的国外企业中已被广泛采用，而国内企业基本还未将其作为一种正式的技术竞争情报采集手段。

从总体上看，这六类采集方法沿着从易到难线路发展，其所发挥的作用也是逐层上升。目前，大部分企业都是采用自动收集、自动分类处理方式采集情报，少数企业开始将数据挖掘技术引入情报采集。

三　企业技术竞争情报采集面临问题及挖掘趋势

从产品而言，企业技术竞争情报主要包括与技术活动和行为有关的各种概念、模式和规则等，通常都是隐含在技术数据与信息中的深层知识内容。尽管技术信息是形成技术竞争情报的源泉，但是，从中提取技术情报并不容易。虽然目前大部分企业都采用自动收集、自动分类的处理方式实现技术竞争情报源的自动收集，但仍面临如下问题：

（一）大数据环境对企业技术竞争情报获取能力的提高带来挑战

技术信息源所包含的数据量非常庞大，随着社会技术的不断发展，科技文献、专利、研发报告等主要的技术信息源不断快速增长，而且密切影响技术发展与选择的有关国家政策与市场需求等宏微观环境信息也在时刻变化，虽然数据的指数增长给企业技术竞争情报提供了丰富的信息来源，但同时也形成技术信息相对过剩的情形，造成"信息过载而情报稀缺"的困扰。

（二）信息源选择范围不全面

企业内外存在各种丰富的信息资源。由于受技术和其他条件的影响，大多数企业在实际情报获取中总出现顾此失彼的现象，不能科学地、全面地选择情报来源。

（三）信息源集成度不高

技术信息源非常分散，有关某一技术领域的数据与信息可能会以不同的途径和形式加以发布，从而致使与某一技术主题相关的信息呈现分布状态。一次获取行为所得到的数据，往往是关于某一个事物或主题的碎片，是局部的、片面的，如果不对其进行高度集成，易形成一个个信息孤岛，使得信息零散，缺乏系统性，不利于对信息进行全面准确的综合整理利用。虽然不少企业在获取过程中采用了自动排序和去重等技术对信息进行了整合处理，但是，缺乏对文本、图片、多媒体、数据库等不同形式信息之间以及企业内外部不同来源信息之间的横向与纵向的深度集成。如何最大限度地整合各种信息源对情报分析至关重要。

（四）获取处理缺乏智能性

虽然大部分企业已采用自动收集、自动去重等自动化机制实现了技术竞争情报的自动获取，但是缺乏对所获取信息的智能化分析处理。有的企业完全由技术竞争情报工作人员承担分析处理工作，这种方式，一方面加重了工作人员的认知负担，并且经验判断方式存在较多的不确定因素，直接影响分析结果；另一方面面对海量信息，人工分析处理无法及时对企业提供全面的情报支持，影响企业对竞争环境的敏感度和反应速度。

（五）获取结果质量差

信息获取结果质量差主要表现在信息的非相关性和表层化上。基于关键词的搜索引擎，只能实现信息源词语层的信息收集，搜索结果数量巨大、相关度低、零散冗杂，甚至是无用的或虚假的信息，给情报利用带来极大的困难。信息源深层所蕴藏的高价值知识有待于进一步挖掘开发。

随着信息量的日益增加，现在的技术竞争情报获取所面临的难题不再是信息数量问题，而是如何从海量信息中智能化获取有价值的信息并从中挖掘有用知识，挑选出对企业有益的关键性情报，提高情报获取的质量和效率。调查中还发现，企业技术竞争情报工作存在深层次情报获取的潜在需求，少数企业已将知识发现技术应用于技术竞争情报获取工作中，如陶氏化学公司采用信息抽取引擎，在将大量的文献和报告数据化的基础上，在领域专家的辅助下从非结构化文本中动态识别出物质、产品、公司、人物等实体，并将其存入知识库中，为企业技术情报分析打下扎实的基础[①]；壳牌国际集团公司通过开发具有自动采集互联网信息并进行分类预测与关联分析的智能系统推进其技术竞争情报策略的实施以提高对技术和市场的感知力。[②] 基于知识发现技术、实现技术竞争情报的智能挖掘，是国内外普遍发展趋势。

---

① Clear Forest, "Clear Forest Client – The Dow Chemical Company", http：//www. clearforest. com/ Customers/Dow. asp, 2007 - 1 - 10.

② Joseph H. A. M. Rodenberg, *Competitive Intelligence and Senior Management*, Delft：Eburon Publishers, 2008, p. 198.

第五节　企业技术竞争情报的挖掘

一　企业技术竞争情报挖掘意义

从某种意义上说，技术竞争情报获取应该是一种人类高级智力行为，但由于信息环境的复杂化，人类无法单纯依靠经验手工高效完成技术竞争情报的收集，必须借助自动化知识处理工具实现对大量技术信息的特征归纳、关联分析、发展趋势探测，从而达到从海量数据中获取情报的目的。企业技术竞争情报挖掘，就是借助知识处理技术，从海量信息中智能化地获取有价值的知识用于支撑企业技术管理决策活动。融合知识处理理论实现企业技术竞争情报的智能挖掘具有如下意义：

（1）可实现采集与分析的一体化。早期技术竞争情报工作由于缺乏强有力的信息获取、信息分析等综合信息能力，使得其采集与分析缺乏数据视角[1]，而且各阶段呈现内敛趋势，采集、处理和分析三阶段分离。基于知识处理技术，可有效融合采集与分析过程，构建一体化挖掘流程。

（2）融合多种知识处理方法与技术，可提升技术竞争情报的知识性。突破对专利、科技数据库等技术信息源的作者、单位等外部特征进行简单的零碎统计的局限，借助概念分析、知识推理、知识发现等先进技术与方法，对海量数据源进行微观、中观乃至宏观统计、分析、综合和推理，可揭示企业、技术、市场等多实体之间的内在关联，获取隐性的、深层次的知识逻辑关联。

（3）融合智能化技术，提升情报质量。融合自动文本分析、专家系统、知识发现等智能化技术，是提高情报系统质量、实现情报系统高层次发展的关键因素。[2]

二　挖掘活动在技术情报价值生成中的作用方式

技术竞争情报挖掘不仅为技术竞争情报活动获得了原始数据，而且通过与需求建立联系，将数据转换为信息与知识，创造情报价值。以生物技

---

[1]　Cherie R. Courseault, A Text Mining Framework Linking Technical Intelligence from Publication Databases to Strategic Technology Decisions, Ph. D. dissertation, Atlanta, 2004, p. 9.

[2]　吴晓伟、徐福缘、吴伟昶：《竞争情报系统成功建设模型及其实证研究》，《情报学报》2005年第4期。

术公司 Amgen 为例①，Amgen 公司拥有大量技术相关数据，包括专利或专利统计数据、研究和开发支出、核心科研小组成员的姓名和背景、科学家发表的科学论文等，当 Amgen 公司的竞争对手采集到这些原始数据并加以初步整理后发现 Amgen 公司有着某些核心能力与弱点（如蛋白质技术方面），这些原始数据就变成了信息，此外，如果该企业推断出 Amgen 公司在某种药物的开发上取得了领先地位，需要采取行动改变不利形势，那么就将信息进一步转换成了知识。挖掘活动就是这样通过采集原始数据，经过数据清理、转换等预分析处理，将不同位置、不同渠道、不同属性的数据在信息层次或语义层次有机集成，并在一定的战略需求目标导向下，获得对技术环境的深层认知，图 1 - 2 显示了挖掘活动在情报价值生成中的作用方式。

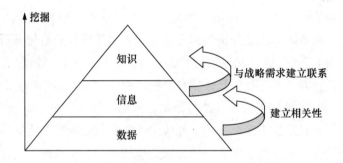

图 1 - 2　挖掘活动在情报价值生成中的作用方式

三　知识发现技术在企业技术竞争情报挖掘中的应用

随着知识处理技术的发展，融合了自动文本分析、本体、知识推理等多理论与方法的知识发现技术可以被更多应用到情报获取中，提升目前多数基于简单统计的技术分析方法，实现更加智能、更加准确的企业技术竞争情报的挖掘。

知识发现技术所以成为企业实现竞争情报获取的有效途径，是因为它提供了一种将分析与获取相结合的自动化、智能化的获取方法，在情报获取中具有如下优势：

---

① Cherie R. Courseault, A Text Mining Framework Linking Technical Intelligence from Publication Databases to Strategic Technology Decisions, Ph. D. dissertation, Atlanta, 2004, p. 9.

（1）标准化。通过清理、转换、过滤和去重等预处理方法，消除数据的模糊性和冗余性，将零散、无序的信息标准化、规范化。

（2）集成化。基于知识发现的企业技术竞争情报挖掘可以将企业内部和外部的各种信息源进行有效集成，为企业的技术竞争情报活动提供统一的全局视图，实现技术竞争情报的有效共享，极大地提高企业的竞争水平。

（3）全方位。知识发现技术可为企业的技术竞争情报获取工作提供全方位、全过程支持。企业的技术竞争情报工作蕴含于企业整个生产运作过程。从产品研发到生产过程的改进、从市场营销到客户关系的管理，知识发现技术可以用于产品生命周期的整个循环体系中，辅助企业从内、外部各种形态的数据源中获取有益情报和知识。

（4）科学性。基于知识发现的智能挖掘融合了人工智能、数理统计、信息科学等多学科的理论与方法，可以增强企业情报获取的科学性。

（5）增值性。基于知识发现的情报挖掘通过数据集成等工作可以推理出新的情报和知识，开发情报工作者自身无法发现的增值信息。

第二章　企业技术竞争情报挖掘的
支撑技术：知识发现

企业技术竞争情报挖掘是一种以知识为目标的智能分析过程，其活动的开展离不开相关知识处理技术的支撑，而知识发现是其中的关键技术。

第一节　知识发现对象

随着信息技术的迅速发展和互联网的日益普及，全球信息正在急剧增长。丰富的信息资源，一方面为知识获取提供了广阔信息源，使得人们有机会获取更多知识；另一方面大量的信息使人们无法辨别隐藏在其中的有用知识。因此，需要一种新的数据分析技术来处理大量数据，并从中抽取有价值的潜在知识。知识发现技术由此应运而生。

知识发现通过综合运用统计学、机器学习和专家系统等多种学习手段和方法，从大量数据中提炼出抽象的知识，揭示出蕴含在这些数据背后的客观世界的内在联系和本质规律，实现知识的自动获取。

知识发现的理念源于从数据库中发现有用的模式，但实际上，知识发现可以在任意类型的信息存储上进行，包括关系数据库、数据仓库、空间数据库、文本数据库、多媒体数据库等。[①] 知识发现对象范围广泛，涵盖众多的信息类型和内容，不仅包括以结构化数据为主的关系数据库、事务数据库和数据仓库，随着数据处理工具、先进数据库技术以及万维网技术的发展，知识发现的应用对象从结构化数据发展到半结构化及非结构化的复杂类型数据。这些不同挖掘对象又关联到不同的技术，形成彼此相关又

---

① ［加］韩家炜、坎伯：《数据挖掘：概念与技术》，范明、孟小峰译，机械工业出版社2001年版，第6—13页。

相互独立的若干领域。

一　数据库中的知识发现

数据库中的知识发现特指针对关系数据库、事务数据库和数据仓库等结构化的数据挖掘对象而言的挖掘。由于不同类型数据库包含的数据对象数据类型具有多样性，因此，需要针对特定类型的数据，开发特定的数据挖掘技术，并构造特定的数据挖掘系统。目前，关系数据库是数据挖掘中最流行的一类数据对象，也是得到最多研究的一类数据形式，许多的关联、分类、预测、趋势分析、偏差分析等挖掘算法都是建立在结构化数据类型之上。

二　万维网中的知识发现

万维网作为一个全球性信息服务中心，包含电子商务、新闻、广告等众多信息和服务。万维网中大量动态的 Web 页面、超链接信息、Web 访问和使用信息等为知识发现提供了丰富的资源，也促进了 Web 挖掘这个新研究领域的诞生。Web 挖掘是指使用数据挖掘技术在万维网这个数据集合中发现潜在的、有用的模式或信息。Web 挖掘一般可以分为 Web 内容挖掘、Web 结构挖掘和 Web 用法挖掘[①]：Web 内容挖掘指从 Web 文档内容，如文字、图片、音频、视频及其描述信息中获取潜在的、有价值的知识或模式的过程；Web 结构挖掘主要是从 Web 组织结构和链接关系中推导信息和知识；Web 使用挖掘也称为 Web 日志挖掘，通过对用户访问 Web 时在服务器留下的访问记录进行挖掘，可跟踪和理解 Web 用户在访问 Web 站点时的浏览行为。

三　文本中的知识发现

数据库中的知识发现主要针对结构化数据。在技术竞争情报活动中，新闻文章、研究报告、科研论文、Web 页面等文本型信息是非常重要的情报来源。

文本挖掘的对象是非结构化的文本数据。文本挖掘涵盖了多学科领域，包括数据挖掘、信息抽取、机器学习、自然语言处理、统计数据分析等多种技术，利用神经网络、基于案例的推理智能算法，抽取非结构化文本源中的概念和关系，从中发现隐含的、散布在文本文件中的有价值的知

---

① 张玉峰、吴金红、王翠波：《基于 Web 结构挖掘的网络动态竞争情报采集研究》，《中国图书馆学报》2007 年第 6 期。

识。按照文本挖掘对象不同，文本挖掘又可分为基于单文档的数据挖掘和基于文档集的数据挖掘：基于单文档的数据挖掘对文档的分析并不涉及其他文档，主要采用文本摘要、信息提取技术；基于文档集的数据挖掘是对大规模的文档数据进行模式抽取，主要采用文本分类、文本聚类、个性化文本过滤等技术。①

四 知识库中的知识发现

知识库中的知识发现特指针对知识库对象的挖掘。知识库挖掘主要研究如何从现有知识库中进一步发现更多深层次知识。基于知识库的知识发现是目前国内外的一个新研究领域。从知识库中发现规则对于知识工程和机器学习都是一个重要问题，因为它的成功将直接作用于知识获取和大型知识库的构建。

知识库中的知识发现与数据库中的知识发现有所不同，主要表现在以下两个方面：

（一）发现基础不同

数据库中的知识发现主要是针对数据库，而数据库主要是存储数据集合，只暗含简单的数据间的逻辑关系；知识库中的知识发现针对的对象是知识库，而知识库包括与领域相关的理论知识、事实数据、专家启发式知识以及常识性知识等，为了便于问题求解，需要采用一定的知识表示方法，如产生式规则、谓词逻辑、语义网络和框架，将应用领域的问题求解知识显性表达，并单独地组成一个相对独立的实体，构造成计算机可处理的数据结构，因此，一个真实的知识库一般包含事实库和规则库，并且它们的结构与数据库有着明显的区别。

（二）采用手段不同

知识库和数据库的最大区别在于它不但包含大量的简单事实，而且也包含规则和过程这样的显性的关系。如何针对关系得出更高层次的知识，需采用与知识发现不同的方法。

从定性的角度分析知识库挖掘本质的话，可以认为它是一种机器学习过程，其目的是获取知识，学习源是知识库，学习手段是采用归纳结合演绎的方法，其最终结果将既能够发现事实上的知识，也能够发现规则上的

---

① 朱福喜、朱三元、伍春香：《人工智能基础教程》，清华大学出版社2006年版，第303—307页。

知识。因此，在具体实现中应该采用两条挖掘线路[①]：一是利用归纳方法挖掘事实之上的规则；二是通过推理的方法从规则库中发现规则，即属性与关系之上的关系。

基于推理的知识获取是知识库中知识发现的典型特征。而推理又与知识表示方法直接相关，规则表示方法提供最基本的推理模式。规则与框架、谓词逻辑表示方法相结合，可提供功能更强、更灵活的推理方法。

第二节　知识发现方法与技术

从知识发现的概念及其内涵可知，知识发现是从大量数据中挖掘知识。它又能挖掘出哪些类型知识呢？实际上，知识发现所能提取出的知识类型蕴含于它所提供的功能中。知识发现的功能主要包括概念描述、关联分析、聚类分析、分类分析、预测等。所谓概念描述，就是用简洁的语言从整体上对目标类数据进行浓缩，给出它的紧凑描述，提取出数据特征；关联分析，就是抽取隐藏在数据或对象间的关联规则；聚类分析，就是按照"相似"程度将事物分成若干类别；预测，就是利用历史数据集中自动推导出给定数据的描述，预测未知的数据值或变化趋势。这里结合技术竞争情报工作需要，主要考察数据特征提取、事物关联分析、事物相似度区分、事物发展趋势识别等功能的实现方法与技术。

一　事物特征提取的方法与技术

数据特征提取不是数据的简单枚举，而是产生数据的特征化和比较描述。数据特征描述是一类非常有用的知识，如通过对销售数据的挖掘，可以确定"购买了黑芝麻去屑洗发水"的客户所具有的特征，这种特征知识可以启发产品经理的思维，开发出新的产品类型，也可以指导销售经理进行更有针对性的营销。数据特征的描述可以以图表或规则的知识形式提供给用户。

数据特征提取主要有两大类方法[②]：一类是基于机器学习的方法，这类方法借助示例学习算法，采用较小的训练集样本，将分析样本划分为正

---

① 杨炳儒：《基于内在机理的知识发现理论及其应用》，电子工业出版社2004年版，第6—25页。

② ［加］韩家炜、坎伯：《数据挖掘：概念与技术》，范明、孟小峰译，机械工业出版社2001年版，第6—13页。

样本和负样本两个集合，分别代表目标类和对比类，学习过程中随机选取一个正样本，并用它形成描述该类对象的一个假定，然后使用其余样本在假定上进行逐个元组概化。另一类是面向数据库的方法，这类方法主要是针对数据库属性进行属性删除和属性概化，与机器学习类算法相比较，可以与数据库操作集成起来，采用选择、连接、投影等关系操作实现。

面向数据库的数据特征提取方法主要包括面向属性归纳的概化方法和基于数据立方体的概化方法：

（一）面向属性的归纳

面向属性的归纳是一种常用特征规则的挖掘方法。它通过对属性值间概念的层次结构进行归约，以获得相关数据的概括性知识。

在关系数据库环境下，最基本的面向属性归纳方法的处理思想是[①]：

首先，使用关系数据库查询收集与任务相关的数据。

其次，通过考察所收集数据中每个属性的不同值的个数，进行属性删除或将属性值泛化成较高层次的概念，并通过合并等操作聚集相等的元组，并累计它们所对应的计数值，压缩概化后的数据集合。

最后，形成能够体现初始关系数据库中数据集特征的泛化元组，并将其以一定形式进行映射，表示成图表或特征规则，提供给用户。

在基本的面向属性的归纳中，其任务有三个重要元素[②]：

第一，和任务相关的初始数据。和任务相关的初始数据直接来自原始关系数据库，但是，需要对海量的数据和属性要进行筛选，找出和任务相关的属性和数据，这样就得到了和任务相关的数据，称为初始关系表。

第二，背景知识。面向属性归纳的一个重要特点是它可以把关系数据库中的属性值泛化成较高层次的概念，这需要背景知识的支持。在实际情况中，许多属性都可以进行数据归类，形成概念汇聚点。这些概念依抽象程度不同可构成描述它们层次结构的概念树。概念层次树是指某属性值所具有的从具体概念值到概念类的层次关系树，一般由用户提供或从领域知识中得到该属性的概念层次树。

第三，挖掘结果的表达。最后得到的宏元组，也就是概括关系表，可

---

① ［加］韩家炜、坎伯：《数据挖掘：概念与技术》，范明、孟小峰译，机械工业出版社2001年版，第6—13页。

② 孙华梅、郭茂祖、焦杰等：《一种新的面向属性归纳中概念层次技术研究》，《管理科学学报》2004年第1期。

用来产生挖掘结果，一般通过将关系表转化为逻辑关系式产生规则。

基本的面向属性的归纳方法可以从大量数据中快速产生特征和对比的规则，却不能体现关系数据库中属性之间的关联关系，为了更好地挖掘关系数据库中潜在的有用的知识，可采用基于规则的面向属性的归纳方法。在基本的面向属性的归纳方法中，进行属性泛化的主要工具是概念层次树，因此只能对某一个属性在自身属性上进行不同层次的泛化，而不能结合关系数据库中属性之间的关联关系进行条件的属性概念层次的泛化。为此，基于规则的面向属性的归纳方法引入一种基于规则的概念层次图，基于规则的概念层次是指概念图中路径和规则的概念层次，也就是说，概念图中的路径不能简单地从一个节点到唯一的另一个节点，而是通过条件的规则判定从一个节点经过哪一条路径到达更高层次的概念节点，在这个概念层次图中，一个概念可以沿不同的路径上升到指定的泛化层次。

（二）数据立方体

面向属性规约方法要经常做各种统计查询。而数据立方体法则预先做好某些经常需要用到但花费较高的统计、求和等集成计算，并将统计结果放在数据立方体中，以便于特征规则挖掘。数据立方体法中常用的分析方法有：数据概括，即将属性值提高到较高层次；数据细化，即将属性值降低一些层次。预定义数据立方体方便进行切片和切块、上卷和下钻等操作，有利于展开面向属性进行归纳。

二　事物关联分析的方法和技术

关联分析的目的是抽取隐藏在数据或对象间的关联规则。关联规则是描述事物之间同时出现的规律的知识模式。关联分析可以揭示数据间未知的依赖关系，并以置信度因子衡量依赖的程度。根据这种关系就可从一个数据对象的信息来推断另一数据对象的信息。例如，若两个或多个数据项的取值重复出现且概率很高时，它们就存在某种关联。根据数据源不同，关联规则的识别可分为数据库中的关联分析和文本中的关联分析。

（一）数据库中的关联分析

关联规则最早用于描述交易数据库中大量数据项集之间的密切程度，发现其中所蕴含的有趣关联。关联规则的形式化定义如下[1]：

---

① ［加］韩家炜、坎伯：《数据挖掘：概念与技术》，范明、孟小峰译，机械工业出版社2001年版，第6—13页。

设 $I = \{i_1, i_2, \cdots, i_m\}$ 是 m 个不同项目组成的集合，给定一个与任务相关的事务数据集 D，其中每个事务 T 是 I 中一组项目的集合，即使得 $T \subset I$。T 有一个唯一的标志符 TID。若项集 $X \subset I$ 且 $X \subset T$，则事务集 T 包含项集 X。

一条关联规则是如下形式的逻辑蕴涵式：$X \Rightarrow Y$，其中，$X \subset I$，$Y \subset I$ 且 $X \cap Y = \Phi$。

关联规则具有如下两个重要属性：

支持度：$P(X \cup Y)$，即 X 和 Y 这两个项集在事务集 D 中同时出现的概率。

置信度：$P(Y \mid X)$，即在出现项集 X 的事务集 D 中，项集 Y 也同时出现的概率。

同时满足最小支持度阈值和最小置信度阈值的规则称为强规则。给定一个事务集 D，挖掘关联规则问题就是产生支持度和置信度分别大于用户给定的最小支持度和最小置信度的关联规则，也就是产生强规则问题。

关联规则可分为不同类别[1][2]：

（1）基于规则中所处理的变量值的类型，关联规则可以分为布尔型关联规则和量化型关联规则。布尔型关联规则处理的值都是离散的、种类化的和描述性的，它所考虑的是项的存在与不存在，并显示这些变量之间的关系；量化型关联规则可以对数值型字段进行处理，描述的是量化的项或属性之间的关联，它将其进行动态分割成一定的层次结构或区间，或者直接对原始数据进行处理，还可以将数值型数据按一定的分布转换成布尔型数据。

（2）基于规则中数据的抽象层次，可以分为单层关联规则和多层关联规则。在单层关联规则中，规则不涉及不同抽象层的数据项或属性，所有的变量都没有考虑到现实的数据是具有多个不同的层次的，因此都在同一层次上进行计算；在多层关联规则中，对数据的多层性已经进行了充分的考虑，对那些在较低层次上数据项之间的关联关系，如果达不到用户设定的阈值，可以进行合并，在较高层次上进行关联规则挖掘，以在较粗的粒度级别上发现有用的规则。

（3）基于规则中涉及数据的维数，关联规则可以分为单维和多维。

---

① ［加］韩家炜、坎伯：《数据挖掘：概念与技术》，范明、孟小峰译，机械工业出版社 2001 年版，第6—13 页。

② 张学茂：《关联规则挖掘研究》，硕士学位论文，长沙理工大学，2006 年，第8 页。

在单维关联规则中，只涉及数据集中一个维的数据项或属性，如用户购买的物品，仅考虑物品维，单维关联规则处理单维或属性中的一些关系；在多维关联规则中，要处理的数据将会涉及多个维，也就是关联规则中会涉及数据集中两个或两个以上的数据项（维），如用户什么时候、什么地点购买了什么商品，需要考虑时间维、地点维和商品维，多维关联规则处理多个维或属性之间的某些关系，其中，多维数据可以通过数据集中数据融合形成。

（二）文本关联分析

关联规则抽取是数据库中知识发现的成功技术之一，它在数据库数据挖掘中有着广泛应用，其思想也可以推广到文本类型数据中，进行文本关联挖掘。文本关联挖掘主要是对文本中的关键词或内容的关联行为进行分析。

文本数据集通常指长句、短文等文档型数据，如产品介绍、研发报告、科技论文等。从结构上看，文本数据集只有有限结构（如电子邮件信息、HTML 文档），有些文本数据可能根本没有任何结构。从内容上看，文本数据是面向人类阅读的，使用自然语言形式进行内容描述，难以被机器识别、理解。正由于文本数据本身具有的特性，使得传统数据库中的关联规则挖掘算法无法直接应用到文本数据集中，需要将其和文本信息处理技术进行有机集成。这使得文本关联分析和传统数据库中的关联分析相比，处理过程有着较大差别。

文本关联分析首先需要对文本数据进行词根抽取等预处理，然后调用关联挖掘算法，其处理流程如图 2－1 所示，大致可划分为如下步骤[1][2]：

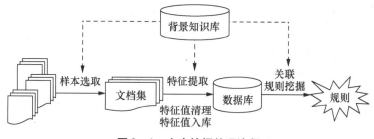

图 2－1　文本挖掘处理流程

---

① ［加］韩家炜、坎伯：《数据挖掘：概念与技术》，范明、孟小峰译，机械工业出版社2001 年版，第6—13 页。

② 邹庆轩：《基于关联规则的文本数据挖掘研究》，硕士学位论文，西南石油大学，2006年，第24—25 页。

第一步：样本选取。由用户根据目标选择文本数据集，建立初始样本。

第二步：特征提取。文本特征提取是文本关联挖掘的关键步骤。文本特征抽取可以采用有背景知识指导的抽取方法，如借助领域本体的辅助，也可以没有背景知识指导，直接通过对文本的二字词组、三字词组等出现次数进行统计，若出现次数超过指定的最低计数，则把它作为文本的特征值之一。为提高特征提取的深度与效率，可以采用基于页面抽取语言、基于 DOM 树、基于模式匹配的方法从收集到的文本信息中自动识别出相关信息作为文本的特征值。智能化的文本信息提取可以从两个方面着手：在信息的提取方式上，可以按位置提取、按关键字提取和按图表提取等；在信息的提取内容上，可以按信息页面的标识，及用户关注的信息内容字段的精确定义，高效获取所需的内容。

第三步：特征值清理。对于缺乏背景知识指导的文本抽取而言，按位置读取会将控制符以及非相关常用词等加入特征值集合中，需要剔除这类特征值。文本特征值清理的另一个重要方面就是进行文本特征归约。文本中提取出的不同词汇个数对应着特征值维数，如果特征值维数过高，既无法准确表征并区分不同文档，又会加大挖掘算法执行的难度，这都将影响挖掘结果。特征值归约将信息量小、"不重要"的词汇从特征项空间中删除，从而减少特征项的个数，降低特征空间的维数。此外，文本特征值提取中，不同的词在文本文件中出现的次数是不相等的，对文本内容的贡献也就有大有小，有时还需要考虑词在文本中的权重。

第四步：特征值入库。把经过清理后的特征值以及文本的相关属性值，如文件名、创建人、创建时间等属性一起加入数据库，每一个文本文件对应一个特征向量。

第五步：关联规则挖掘。特征值装载入数据库后就要对这些特征数据进行数据挖掘以发现这些特征数据之间的关联规则。关联规则挖掘通过以每个文件名作为标识号，以文本的特征数据及其权重值作为文件名标识号下的数据项，对这些数据项进行关联分析，关联分析算法通过统计数据库中每项记录中每个候选集出现的次数作为该项集的支持计数，然后比较支持计数和其支持度期望，得到频繁项集，最后生成关联规则，发现文本中隐含的信息和文本文件之间的一些关系。

三　事物相似度区分的方法和技术

根据事物本身潜在的特性，按照其"相似"程度分成若干类别，使其"物以类聚"，是人们认识未知世界的重要手段，可达到深入认识事物的目的。然而，当面对海量数据时，对其相似性的把握就远远超出人类自身的定性理解能力，因此需要引入相关的工具辅助人们认识越来越复杂的数据关系。聚类分析就是这样一种数学分析工具，能通过观察每一簇数据的特征，对特定的聚簇进行集中，使同一类别中的对象之间具有尽可能大的相似性，而不同类别中的对象之间具有尽可能大的差异性，并作进一步的分析，获得数据的分布状况。

为了揭示出样本数据之间最本质的"抱团"性质，聚类分析的关键步骤主要包括三个方面[①]：

第一，特征抽取，通过采用一定的指标特征变量来表征样本的性质，特征抽取的结果是一个样本矩阵，每一行是一个样本，每一列是一个特征指标变量。

第二，按照一定的聚类算法，测度指标特征变量之间的相似度。聚类分析中判断事物之间是否相似，是通过计算事物之间的差异度完成的。指标特征变量的属性取值的不同，差异度计算方法也不相同。选择聚类算法，需要根据样本矩阵的特征指标变量的类型进行。通过执行聚类算法可把一个样本转成特征变量空间中的一个点。聚类算法的输出一般是一个聚类谱系图，由粗到细地反映了所有的分类情况；或者直接给出具体的分类方案，包括总共分成几类，每类具体包含哪些样本点等。

第三，选取合适的分类阈值。在得到聚类谱系图之后，须凭借经验和领域知识，根据具体应用场合，决定阈值的选取，选定阈值之后，就能够从聚类谱系图上直接看出分类方案。

聚类分析处理的具体算法很多，大体可划分为划分方法、层次方法、基于密度的方法等类别。

（1）划分方法。[②] 给定一个包含 n 个对象的数据集，划分方法将其划分为 k 个子集（划分），将数据分为 k 组，其中每个子集均代表一个聚类

① 卜东波：《聚类/分类理论研究及其在文本挖掘中的应用》，博士学位论文，中国科学院研究生院，2000 年，第 13—14 页。

② ［加］韩家炜、坎伯：《数据挖掘：概念与技术》，范明、孟小峰译，机械工业出版社2001 年版，第 6—13 页。

或"簇"（$k \leqslant n$）。给定需要划分的个数 k，一个划分方法创建一个初始划分，然后利用循环再定位技术，即通过移动不同划分（组）中的对象来改变划分内容。一个好的划分衡量标准通常就是同一个组中的对象"相近"或彼此相关；而不同组中的对象"较远"或彼此不同。为了达到全局最优，基于划分的聚类会要求穷举所有可能的划分。在实际应用中，需要通过某种启发式方法来指导划分。以下是两种常用的启发式方法：

①k 均值算法。k 均值算法以 k 为参数，把 n 个对象分为 k 个簇，使簇内具有较高的相似度，而簇间的相似度较低。相似度的计算根据一个簇中对象的平均值（被看作簇的重心）来进行。k 均值算法的处理流程如下：首先，随机地选择 k 个对象，每个对象初始代表一个簇的平均值或中心。对剩余的每个对象，根据其与各个簇中心的距离，将它赋给最近的簇。然后重新计算每个簇的平均值。这个过程不断重复，直到准则函数收敛。

②基于有代表性对象的技术：k 中心点算法。k 中心点算法采用簇中位置最中心的对象作为参照点。这样的划分依然是基于最小化所有对象与参照点之间相异度之和的原则来执行。k 中心点算法的基本过程是：首先为每个簇随意选择一个代表对象，剩余对象根据与代表对象的距离分配给最近的一个簇。然后反复用非代表对象代替代表对象，以改进聚类质量。聚类结果的质量用一个代价函数来估算，该函数度量对象与参照对象之间的平均相异度。

（2）层次方法。① 层次方法就是为给定的数据对象集创建层次，形成一棵聚类树。层次方法可分为凝聚的层次聚类和分裂的层次聚类两种方式：

①凝聚的层次聚类：采用自底向上策略。首先将每个对象作为单独的一个簇，然后合并这些原子簇为越来越大的簇，直到所有对象都在一个簇中，或者达到某个终止条件。

②分裂的层次聚类：采用自顶向下策略。与凝聚的层次聚类相反，它首先将所有的对象置于一个簇中，然后逐渐细分为越来越小的簇，直到每

---

① ［加］韩家炜、坎伯：《数据挖掘：概念与技术》，范明、孟小峰译，机械工业出版社 2001 年版，第 6—13 页。

个对象在单独的一个簇中，或者达到一个终止条件。

（3）基于密度的方法。[①] 大多数划分方法是基于对象间距离进行聚类。这类方法仅能发现圆形或球状的聚类，较难发现具有任何其他形状的聚类。而基于密度的方法将簇看作是数据空间中被低密度区域分割开的高密度区域。其主要思想是：只要邻近区域的密度（对象或数据点的数目）未超出某个阈值（如一个聚类中的点数，或一个给定半径内必须包含至少的点数），就继续聚类。也就是说，对给定类中的每个数据点，在一个给定范围的区域中必须至少包括某个数目的点。

在实际应用中，一些聚类算法常常将若干聚类方法的思想结合在一起，因此有时很难明确界定一个聚类算法究竟属于哪一个聚类方法类别。此外，某些应用可能有特定的聚类标准，要求综合多个聚类技术。

四　事物发展趋势识别的方法和技术

预测是利用从历史数据集中自动推导出的对给定数据的描述，预测未知数据或类别。常用预测技术包括基于统计回归实现预测、基于神经网络实现预测和基于决策树实现预测等。

（一）基于统计回归实现预测[②]

"回归"是研究自变量与因变量之间关系的分析方法，其目的在于根据已知自变量来估计和预测因变量的总平均值。回归分析的基本思想是：在掌握大量观察数据的基础上，创建统计数学模型（一种因变量与自变量之间的回归关系函数表达式，也称为回归方程），使模型能够匹配已知属性的值，并用于对未知属性的值进行推断和预测。在回归分析中，当研究的因果关系只涉及因变量和一个自变量时，叫作一元回归分析；当研究的因果关系涉及因变量和两个或两个以上自变量时，叫作多元回归分析。此外，根据回归方程是线性还是非线性的，可将回归分为两种类型：线性回归和非线性回归。通常线性回归是最基本的分析方法，而非线性回归问题通常可以借助数学手段转化为线性回归问题处理。

---

① ［加］韩家炜、坎伯：《数据挖掘：概念与技术》，范明、孟小峰译，机械工业出版社2001年版，第6—13页。

② 艾丹祥：《基于数据挖掘的客户智能研究》，博士学位论文，武汉大学，2007年，第77页。

（二）基于神经网络实现预测①②

神经网络是对人类大脑系统的感知和思维功能的一种微观模拟，由一系列神经元及其相应的连接构成，具有良好的数学描述，并可以用计算机程序来模拟实现，是分类和预测的有效手段。神经元作为神经网络的基本处理单元，可采用输入和输出、加权系数、神经元函数进行形式化描述：

（1）输入和输出，处理单元有许多输入信息，这些信息同时输入神经元，但是这些信息经神经元函数响应处理后，仅输出一个输出信息。

（2）加权系数，处理单元的每个输入都有一个相对加权，用于影响该输入的作用效果，在网络中，权值是可自适应调整的系数。

（3）神经元函数，它反映神经元输入和输出之间的关系，其函数形式一般是非线性的。具有权值输入的神经元的近似表示如图 2-2 所示。

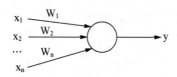

图 2-2　具有权值输入的神经元

基本处理单元中的函数只能实现简单的信息处理，单个处理单元的信息处理能力不强，因此，只有把许多神经元连接起来，构成一个网络系统，才能完成复杂的信息处理任务，呈现"智能"特性。神经网络由若干神经元以层次的方式连接而成，一个完整的神经网络至少包含输入层、输出层和隐含层三个层次，如图 2-3 所示：神经网络中的神经元与其前一层和后一层的神经元相互连接。每个神经元都独立接收前一层的若干输入信息，并生成一个输出信息传达到下一个层次；神经元之间的连接具有一定的权重，如图中的 W_{11}，…，W_{np}。在给定了神经网络系统的隐含层数目、节点数目及激活函数后，通过训练，神经网络可自动调节连接权

①　艾丹祥：《基于数据挖掘的客户智能研究》，博士学位论文，武汉大学，2007 年，第 77 页。

②　［加］韩家炜、坎伯：《数据挖掘：概念与技术》，范明、孟小峰译，机械工业出版社 2001 年版，第 6—13 页。

值。当神经网络对于给定的输入数据序列能产生所需要的输出时，可认为网络训练已经完成。训练形成的神经网络系统，可用于复杂问题的预测。

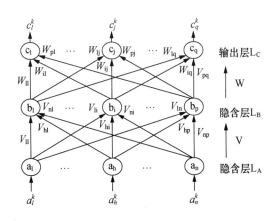

图2-3 神经网络的层次结构

（三）基于决策树实现预测①

决策树的结构是一棵二叉或多叉树，如图2-4所示。

图2-4 "轿车价格分布"决策树

决策树可分为分类决策树和回归决策树两大类型：一是分类决策树用来实现对定类或定序目标变量的分类，其叶子结点是分类值，例如，某款轿车是否应划入高档价位；二是回归决策树则完成对定距目标变量取值的预测，其叶子结点是预测值。决策树的基本思想是根据训练样本集中数据

---

① 艾丹祥：《基于数据挖掘的客户智能研究》，博士学位论文，武汉大学，2007年，第77页。

的不同取值，把数据分层组织成能正确分类训练实例的树型结构，然后利用得到的决策树对新实例进行分类或预测，从而为决策者提供决策依据。

第三节 知识发现过程

知识发现不仅是面向特定数据集的简单检索、查询和调用，而且要对这些数据进行微观、中观乃至宏观的统计、分析、综合和推理，以指导实际问题的求解，并试图发现事件之间的关联性，甚至利用已有的数据对未来的活动进行预测。通过数据选取、预处理、变换、模式提取、知识评估以及过程优化，运用判别分析、聚类分析、探索性分析等统计方法来发现和获取知识。知识发现的基本过程可大致分为数据准备、数据挖掘和结果解释评价三个模块，如图 2 – 5 所示。①

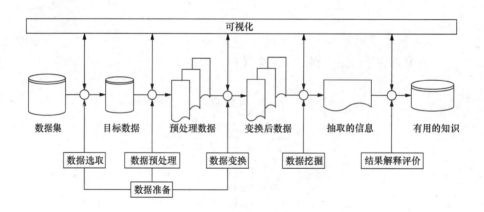

图 2 – 5 知识发现过程示意

（1）数据准备。数据准备又可分为三个子步骤：数据选取、数据预处理和数据变换。数据选取的目的是确定发现任务的操作对象，即目标数据，它是根据用户的需要从原始数据库中抽取的一组数据。数据预处理一般可能包括消除噪声、推导计算缺值数据、消除重复记录、完成数据类型转换（如把连续值数据转换为离散型数据，以便于符号归纳，或是把离

---

① 史忠植：《知识发现》，清华大学出版社 2002 年版，第 2—3 页。

散型数据转换为连续值型数据，以便于神经网络归纳）等。当数据开采的对象是数据仓库时，一般来说，数据预处理已经在生成数据仓库时完成了。数据变换的主要目的是削减数据维数或降维，即从初始特征中找出真正有用的特征以减少数据开采时要考虑的特征或变量个数。

（2）数据挖掘。数据挖掘阶段首先要确定开采任务或目的，如数据总结、分类、聚类、关联规则发现或序列模式发现等。确定了开采任务后，就要决定使用什么样的开采算法。同样的任务可以用不同算法来实现，选择实现算法有两个考虑因素：一是不同的数据有不同的特点，因此需要用与之相关的算法来开采；二是用户或实际运行系统的要求，有的用户可能希望获取描述型的、容易理解的知识，而有的用户或系统则希望获取预测准确度尽可能高的预测型知识。完成了上述准备工作后，就可以实施数据挖掘操作了。

（3）结果解释评价。数据挖掘阶段发现出来的结果，可能存在冗余或无关的模式，经过用户或机器的评价，需要将其剔除；也有可能模式不满足用户要求，这时则需要整个发现过程退回到发现阶段之前，如重新选取数据、采用新的数据变换方法、设定新的数据挖掘参数值，甚至换一种挖掘算法。另外，由于 KDD 最终是面向人类用户的，因此可能要对发现的模式进行可视化，或者把结果转换为用户易懂的另一种表示，如把分类决策树转换为"if...then..."规则。

知识发现所挖掘的知识既可以以直观的图表形式展示给用户，也可以以内部结构形式存储到知识库中，其表示形式主要有：规则、决策树、浓缩数据和公式四种。

（1）规则。规则知识由前提条件和结论两部分组成。前提条件由字段项取值的合取和析取组合而成，结论为决策字段项的取值或者类别组成。

（2）决策树。基于信息论方法所挖掘到的知识一般表示为决策树。如 ID3 方法的决策树由信息量最大的字段作为根结点，它的各个取值为分支，对各个分支所划分的数据元组子集，重复建树过程，扩展决策树，最后得到相同类别的子集，以该类别作为叶结点。

（3）浓缩数据。数据挖掘方法能计算出数据库中字段项的重要程度，对于不重要的字段可以删除。对数据库中的元组能按一定的原则合并。这样，就能大大压缩数据库的元组和字段项，最后得到浓缩数据，它是原数据库的精华。

（4）公式。科学和工程数据库中有大量实验数据，蕴含一定的规律性，通过一定的数据挖掘算法，可以找出各种变量间的相互关系，并可用公式表示。

第三章　企业技术竞争情报
挖掘模型及流程

技术竞争情报挖掘是一种典型的情报活动，拥有一套基本程序，需要根据企业特定技术情报需求，以一定的科学方法论作为指导，以技术信息的采集、分析、利用与评价等系列化加工处理为基本过程，以形成增值情报产品，为企业技术战略决策提供支持。总体而言，企业技术竞争情报挖掘主要包括挖掘目标识别、情报源整合、挖掘策略构建及实施、挖掘结果的组织及评估。本章在分析企业技术竞争情报挖掘整体模型的基础上，简要概述核心流程的基本任务，挖掘目标识别、情报源整合及挖掘策略构建三大主要核心流程将在后续三章中依次展开进行详细探讨。

第一节　企业技术竞争情报挖掘整体模型

技术竞争情报挖掘模型致力于将技术竞争情报活动过程划分为几个相互关联的环节。这种结构化循环阶段的划分，一方面以抽象方式描述出了整个流程，另一方面又能指导在实际应用中如何开展技术情报工作，因此具有很高的理论与实用价值。

目前，已有不少学者展开技术竞争情报活动分析，大部分将技术竞争情报活动过程划分为几个相互关联的环节，如科伯恩（Mathias M. Coburn）教授将技术竞争情报获取活动划分为数据采集、数据分析和行动三个阶段，表3-1展现了科伯恩教授所提出的三步骤技术竞争情报模型的特点。①

---

①　Mathias M. Coburn, *Competitive Technical Intelligence: A Guide to Design, Analysis, and Action*, Oxford: Oxford University Press, 1999, pp. 10 – 19.

表 3 - 1　　　　　　　　　　技术竞争情报活动三步骤概览

阶段	重点	指导原则
数据采集	制定好采集规划	争取在满足需求的前提下，尽可能不采集不必要的信息
数据分析	将数据进行有机整合	根据"好的判断标准"
行动	严格按照三个标准执行活动	三个标准：数据可信度、决策人员对分析的信任、结论应是对分析的逻辑表示

其他学者所提出的模型主要是将活动进行更细的划分，在三阶段活动前后增加了规划、评估等阶段，用于强化输入（情报需求）和输出因素（执行结果），这更加体现出了技术竞争情报在实际战略决策中的应用特性，如目前被广泛用于描述技术竞争情报流程的赫林（Herring）模型[①]将技术竞争情报活动划分为需求评估与规划、采集、处理和分析、沟通利用与评估这几个环环相扣的结构化步骤，其中，采集阶段主要通过数据库检索、电话调查等获得原始信息；处理阶段主要是将原始信息转化为可利用的形式，如进行数据清理等；分析阶段主要运用企业远景规划法、技术评估法等对预处理的数据进行系统化的分析。

技术竞争情报工作及其理论研究与时代环境密不可分。早期的技术竞争情报研究，由于信息环境比较单纯，同时由于缺乏强有力的信息获取、信息分析等综合信息能力，各阶段呈现内敛趋势，采集、处理和分析三阶段分离且手工经验色彩浓重，如分析阶段主要依靠拥有技术管理领域背景的研究人员利用技术图表类方法对采集而来的信息进行宏观理解，无法有效应用于广泛的信息环境。随着大数据时代的到来，现在所面临的难题不再是信息的数量问题，而是如何从海量信息中智能化地获取有价值的信息并从中挖掘有用的知识，挑选出对企业有益的关键性情报，提高情报获取的质量和效率。包昌火教授等认为，基于智能分析和知识提炼过程的情报采集在一定程度上能够解决预分析需求增长的问题。[②] 这里，进一步提出，不仅应该在分析环节中引入知识发现技术，而且应该充分发挥知识发

---

① Jan P. Herring, "Key Intelligence Topics: A Process to Identify and Define Intelligence Needs". *Competitive Intelligence Review*, Vol. 10, No. 2, 2nd Quarter 1999, pp. 4 – 14.

② 包昌火、赵刚、黄英等:《略论竞争情报的发展走向》,《情报学报》第 23 卷 2004 年第3 期。

现技术将采集与分析相结合的特性，构建一体化的技术竞争情报挖掘流程，如图3-1所示。该模型将数据挖掘基本流程与传统的技术竞争情报活动流程有机结合，主要包括需求规划、挖掘、利用评估等模块。其中，挖掘环节在知识发现技术框架下，通过整合企业技术竞争情报源，设计、实施相关挖掘策略与方法，实现智能获取。挖掘环节是整个挖掘流程的核心，可细分为信息源分析与选择、信息源清理与集成、信息源挖掘与分析这三个基本步骤。

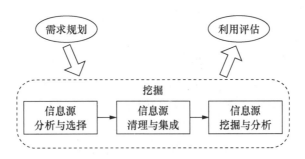

图3-1　技术竞争情报挖掘流程

第二节　企业技术竞争情报挖掘的核心流程

一　识别挖掘目标

需求规划环节主要根据企业技术战略管理的特点，分析处于不同技术发展阶段的企业以及不同层次的企业技术人员对技术竞争情报的典型需求，提供基于业务目标驱动的切入点。企业技术竞争情报作为"对企业制定技术战略决策有用的与技术相关的信息"[1]，具有对技术环境的描绘与认识功能，其需求存在于技术战略管理与技术战略制定过程所包含的领域业务问题中。不同层次的企业技术人员，以及处于不同技术发展阶段企业对技术竞争情报的需求各不相同。识别可能的需求，了解决策者所关注的问题，明确可为决策者提供哪些决策活动的支持，可以为技术竞争情报挖掘指明重点和方向。

---

① [美] V. K. 纳雷安安：《技术战略与创新：竞争优势的源泉》，程源、高建译，电子工业出版社2002年版，第166—167页。

二 整合情报源

企业技术竞争情报源的整合环节包括信息源的分析与选择、信息源的清理与集成：

（一）信息源的分析与选择

根据技术环境中技术影响因素和参与角色，企业技术竞争情报主要来源于大学实验室、科学研究机构、竞争企业、供应商及消费者等主体的技术活动，其信息表征形式主要为科技论文、网络文献、研发报告、技术专利、技术标准等。海量的科技数据库、研发数据库、知识化网络等信息资源在为技术竞争情报采集活动提供丰富的情报源的同时，也增加了后续分析处理的复杂性。如何在满足需求的前提下，尽可能不采集不必要的信息①，去粗取精②，成为保证情报获取质量的关键。因此，为了有效开展技术竞争情报活动，需要合理选择与配置相关情报源。在这个子环节中，知识发现技术可以被用于对信息资源的结构与内容特征进行分析，提高信息源的可靠性，发现权威信息源，缩小数据集规模，提升数据集质量。

（二）信息源的清理与集成

信息源主要呈现出如下特点：（1）量大，包括科技数据库、网络灰色文献、专利、技术论坛多数据源的海量信息；（2）分布，由于这些原始信息隶属于不同的应用系统，从而致使与某一技术主题相关的信息呈现分布状态；（3）异构，不同的应用系统在数据组织、存储格式等方面存在着巨大差异。为了高效地综合利用这些分布、异构的信息源，且有利于多层次、多角度的挖掘分析，需要对采集信息源进行科学的集成。集成不是对数据的简单汇集，而是在一定的指导思想下，将异构、异质、异类的信息从内容、逻辑或物理的角度进行有机地集成，构建一个全新的信息空间，便于实现多维挖掘。

三 构建挖掘策略

挖掘环节针对需求规划环节所提出的挖掘目标，将知识发现理论与技术管理领域的技术分析模型相结合，采用一定的挖掘策略，将信息转换为对技术环境的理解。在该环节中，如何将知识发现方法灵活运用到技术战

---

① Jan P. Herring, "Key Intelligence Topics: A Process to Identify and Define Intelligence Needs". *Competitive Intelligence Review*, Vol. 10, No. 2, 2nd Quarter 1999, pp. 4 – 14.

② 金炬、梁战平：《美国的竞争性技术情报及其对我国的启示》，《图书情报知识》2006 年第 4 期。

略管理业务活动中，构建有效的挖掘策略是整个挖掘活动成功的关键。

在识别典型的企业技术竞争情报挖掘目标并明确挖掘策略后，可从数据采集与清理、情报挖掘与分析环节入手，实施挖掘流程。在实施挖掘流程的过程中，需选择或自行开发合适的技术竞争情报挖掘工具与环境，并对挖掘结果进行可视化组织。

四 挖掘结果的可视化组织

为了能够向企业提供解决实际技术管理问题和辅助制定技术战略目标的技术情报产品，还需要采用合适知识表示与组织方式对采集、挖掘结果进行描述。总的来说，情报产品的表示存在语言、分析和空间智能三种认知模式①。如果采用语言模式，技术竞争情报挖掘至少可以利用四种语言策略与技术进行信息表达——示例（帮助用户加深了解）、超链接、自动文档分类、自动摘要；如果采用分析模式，技术竞争情报挖掘结果可以采用列表、矩阵形式来表示；如果采用空间模式，技术竞争情报挖掘结果则可以用网络、地图等表示。这三种情报产品表示认知模式中，分析模式与空间智能模式都属于可视化途径。

可视化技术不仅是辅助挖掘过程的有效工具，也是对挖掘结果信息进行表示的一种有效方法。应用可视化技术，可以动态直观地展现海量数据中所隐含的规律，利用人类天生的视觉功能来处理技术竞争情报采集结果，深入理解多维数据中的复杂模式，使技术竞争情报更加易于理解并有助于运用。

挖掘结果的可视化组织是指结合知识发现方法，利用相关的可视化技术，生成具有各种属性的可视化结果。数据挖掘与知识发现领域可通过采用交互式投影、交互式过滤、交互式缩放和视点控制等多种视图变换手段，利用亮度、颜色图、空间三维图形等多种方法，采用星型图、雷达图等几何图技术以及图标技术、平行坐标技术、层次化技术等多种技术从多个侧面反映数据本身特点、性质和规律，展现数据挖掘结果。② 技术竞争情报挖掘中，可以利用这些可视化技术，结合技术竞争情报工作的目标以及科技文献、专利、研发报告等技术竞争情报数据源的

---

① Alan L. Porter, *Tech Mining: Exploiting New Technologies for Competitive Advantage*. New York: John Wiley & Sons, Inc. , 2005, p. 275.

② 任东怀、胡俊：《多维数据可视化技术综述》，《工程地质计算机应用》2006 年第 4 期。

特性，设计特有的可视化组织技术与工具，揭示技术领域结构特征及其发展趋势。

（一）技术网络图

技术网络图是一种共现可视化方法，它可以揭示出每个研究热点主题之间的关系及其在网络中的作用，其生成步骤及原理如下[①]：

第一步：抽取高频关键词。从文献的题名、关键词、摘要或正文中抽取能表征文献主题的关键词。

第二步：形成共词矩阵。根据共词原理，对这些高频关键词做进一步处理，两两统计它们在同一篇论文中出现的次数。如果两个关键词同时出现的频率高，说明它们之间的关系密切，这样就形成共词矩阵。

第三步：形成相似（相异）矩阵。在共词矩阵的基础上，通过余弦相似性等测度方法形成相似矩阵。

第四步：生成网络图。根据相似矩阵，利用网络分析软件 Ucinet 等，采用社会网络分析中的小团体 k 核网络分析方法可以将这些关键词的强连接按层次逐一展示，生成研究热点网络图。k 核网络是给定网络中的一个特定网络，在这个网络中每一个顶点在给定的核内最少有 k 个连接点，通过改变 k 值，就会得出不同的图，随着 k 增加，k 核的成员会逐渐减少，而成员之间的联系会更紧密。[②]

建立在共词分析基础上的技术网络图有利于从三个不同层面对挖掘结果进行分析[③]：（1）顶点和边的网络，顶点是那些具有代表性的术语，术语之间存在的连接关系由边来表示，这样就形成了网络；（2）网络在顶点的相互作用下的分布情况；（3）网络在时间序列下的动态变化。

（二）技术战略坐标

技术战略坐标借助于四象限表格形式描述技术领域内部联系情况和领域间相互影响情况，从而反映出优势技术、过时技术等，可用于分析相关的技术优势和市场优势，用于帮助评估技术型产品领域的前景。战略坐标图是以向心度和密度为参数绘制成的二维坐标，其中，X 轴为向心度

① 周静怡、孙坦、陈涛：《共词可视化：以人类基因组领域为例》，《情报学报》第 26 卷 2007 年第 4 期。

② 刘则渊、尹丽春：《国际科学学主题共词网络的可视化研究》，《情报学报》第 25 卷 2006 年第 5 期。

③ 同上。

（Centrality），Y 轴为密度（Density），以两个轴的中位数或者平均数为坐标原点，从而将每一个二维空间所代表的领域划分为四个象限，如图 3 - 2 所示。

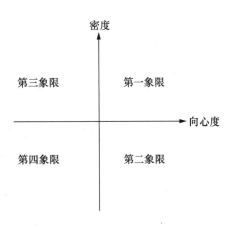

图 3 - 2　战略坐标示意

这种可视化形式可用来描述各主题的研究发展状况[①]：第一象限中的密度和向心度都较高，密度高说明研究主题内部联系紧密，研究趋向成熟，向心度高，说明又与其余各热点有广泛的联系，即处于研究网络的中心；位于第二象限中的主题领域内部链接紧密，说明这些领域的研究已经形成了一定的研究规模，有很多外围的社会组织加入这个研究中，但是联系不密切，在整个研究网络中处于边缘位置；第三象限的研究主题密度和向心度都较低，是整个领域的边缘主题，内部结构比较松散，研究尚不成熟；落在第四象限中的主题领域比较集中，研究人员都有兴趣，但是结构不紧密，研究尚不成熟，也就是说，这个领域的主题有进一步发展的空间，具有潜在的发展趋势。

战略坐标图建立在共词矩阵和聚类基础上，对于特定类别，向心度的计算可以通过该类别的所有主题词或关键词与其他类别主题词之间链接的强度计算。这些外部链接的总和、平方和的开平方等都可以作为该类别的向心度。密度用来量度使字词聚合成一类的这种联系的强度，也就是该类

---

①　蒋颖：《1995—2004 年文献计量学研究的共词分析》，《情报学报》第 25 卷 2006 年第 4 期。

的内部强度。它表示该类维持自己和发展自己的能力。某一类别的密度的计算可以有多种方式，首先计算本类中每一对主题词或关键词之间的在同一篇文献中同时出现的次数，通过计算这些内部链接的平均值、中位数或者平方和，得出这个类别的密度。[①]

（三）技术主题概念地图

概念地图是利用概念以及概念之间的关系表示关于某个主题的结构化知识的一种图示方法。借助于概念地图这种可视化知识表示与组织方式，可将科技文本分类或聚类挖掘结果以概念层次体系展现出来，从而为企业提供能描述技术领域研究概貌的情报产品。

目前不少文本挖掘机构都开始研究并提供具有概念地图功能的可视化工具，如 Aureka 平台提供的 ThemeScape 工具就是一个强大的文本分析和专利地形显示工具，它可以基于专利和非专利文档所包含的词语生成一个主题概念地图，由此获得某一领域技术创新的概念地图，通过这种主题地形图用户可以迅速地瞄准具有价值的文档并进行深层的分析与研究。用户可以利用 Aureka 搜索工具查询一批所需的专利文档并选择有关信息，如全文、权项、标题或摘要等，将其发送给 ThemeScape 工具。然后用户只需要点击一个按钮，ThemeScape 工具就可以将这些看起来复杂的专利和非专利文档集合转换成可识别的主题和概念层次体系，并通过视觉效果良好的地形图来展现这个层次体系。ThemeScape 技术地形图通过等高线对文档集合中的主题进行可视化展示，高海拔的堆积区域表示密度较高的文档集合，即与某个主题术语相关的专利文档越多，则该术语在地形图中的海拔就越高，同时当与某个主题相关的文档增多时，图中主题术语所在区域面积就会随着变大，峰顶代表通过公共术语表示的主题区域，主题术语之间的距离表示这些技术术语之间的相关程度。基于此地形图用户可以方便地识别一些"优势"概念，并查看这些概念之间的彼此关系。通过这个地形图，企业一方面可以识别它们所拥有的专利与竞争对手专利的关系，从而有效地识别技术机会和风险；另一方面企业还可以从图中直观地发现某一特定市场所包含的技术类目或者某领域的技术创新现状和趋势。[②]

---

① 张晗、崔雷:《生物信息学的共词分析研究》,《情报学报》2003 年第 22 卷第 5 期。
② 王日芬、岑咏华、王雪芬:《视化技术在专利信息挖掘与分析中的应用研究》,《数字图书馆论坛》2007 年第 2 期。

第四章　企业技术竞争情报挖掘目标的识别

人类生产实践活动离不开技术，技术作为人类社会生产过程中适应、控制、改造和利用自然的手段，存在于社会生活的各个层面，与政治、经济、文化等因素一起构成一个有机整体。技术竞争情报是"对企业制定技术战略决策有用的与技术相关的信息"[①]，具有对技术环境的描绘与认识功能。企业外部技术竞争情报作为一种对外部技术环境的认知，能够帮助企业提前识别、了解和把握技术变化。

为了探讨外部技术竞争情报挖掘目标及所能发挥的作用，首先需要分析潜在技术竞争情报需求。技术竞争情报需求存在于技术战略管理与技术战略制定过程包含的领域业务问题中。技术战略制定过程所涉及和关心的业务活动主要包括研发项目的选择、生产过程项目的实施、新产品开发、新市场开发、技术组合、外部技术智力资产的获取、自身智力资产的开发评估与利用、技术开发合作、竞争对手的识别与评估、关键技术跟踪与预测、战略技术规划、技术路线规划等。而这些业务活动又可进一步细分为若干具体子问题，表4－1列举了部分问题，以及解决这些问题可能需要利用到哪些信息与知识，从中可以更好地透视技术竞争情报需求及满足的可能性。[②]

表4－1中的业务问题和业务活动之间存在多重关联，每类业务活动可能包含多个子问题，而每个子问题可能又从属于多个业务活动类别，如"研发项目的选择"活动中，可能包含"哪些萌芽技术值得企业持续关注？"、

---

①　［美］V. K. 纳雷安安：《技术战略与创新：竞争优势的源泉》，程源、高建译，电子工业出版社2002年版，第166—167页。

②　Alan L. Porter, *Tech Mining：Exploiting New Technologies for Competitive Advantage.* New York：John Wiley & Sons, Inc. , 2005, pp. 254－272.

表 4 - 1   技术战略管理活动及所对应的技术竞争情报需求

业务活动	业务问题	有用的信息与知识
研发项目的选择	哪些萌芽技术值得企业持续关注？	多项技术的概览、专利活动趋势、技术成熟度、研究领域规模的变化
	哪些技术比较热门？	相关构成技术的 3D 趋势图表、主要技术时序图、研究领域规模、相关构成技术 S 曲线状态
	哪些构件技术的贡献率最高？	主题聚簇图、分析技术之间的父母—孩子关联
	哪些因素驱动技术向前发展？	不同类型机构的发文比例、用词频率（如规章、市场拉动、技术推动）
关键技术跟踪与预测	采用该项萌芽技术会给企业带来哪些发展机遇？	技术使用权可能的出售对象、主要竞争对手可能的专利策略
	哪些因素驱动技术向前发展？	科学知识之间的相关性、出版物和专利的领导者图表
……	……	……

资料来源：Alan L. Porter, *Tech Mining: Exploiting New Technologies for Competitive Advantage*. New York: John Wiley & Sons, Inc., 2005, pp. 254 - 272。

"该技术有哪些前沿发展？"、"技术发展的驱动力是什么？"等子问题，而"技术发展的驱动力是什么？"该子问题可能会在"新产品开发"、"技术开发合作"、"关键技术跟踪与预测"等多个活动中都会涉及。虽然艾伦·L.波特（Alan L. Porter）教授等人构建这套问题分析体系时[1]，主要是致力于开发能够评价信息对技术发展和成功商业化影响的指标，但也正好从侧面反映出技术战略管理工作对技术竞争情报的高度需求。

企业技术竞争情报的技术战略决策支持目标决定了它与技术战略管理理论之间存在着的天然的依存关系：技术战略为技术竞争情报提供了理论指导内核，而技术竞争情报为技术战略构建提供决策支持。技术战略构建

---

[1]   Alan L. Porter, *Tech Mining: Exploiting New Technologies for Competitive Advantage*. New York: John Wiley & Sons, Inc., 2005, pp. 254 - 272.

一般包括技术战略分析、技术战略形成、技术战略执行等环节[1]，而每个环节阶段都需要获取有关技术信息，并通过解释、推理等分析活动为技术战略制定提供必要的情报输入：（1）技术战略分析环节需要采集大量技术环境、竞争对手技术资源与技术能力等方面信息，以便识别企业竞争地位；（2）技术战略形成环节需要根据自身技术资源及技术能力的水平，获取有关技术发展成熟度、技术应用市场前景等信息，以便企业进行技术适用性以及技术在产品开发中的应用形式的选择；（3）技术战略执行阶段需要进一步获取技术价值链及外部相关组织的技术能力等信息，从而选择合适的技术战略执行模式。可见，技术竞争情报应贯穿于企业的技术战略管理与技术创新整个过程，不仅应着眼于企业技术研发，还应服务于技术产品化、市场化。这里重点针对技术研发，抽象出如下典型的技术战略管理业务活动，为后文探讨挖掘策略打下基础：一是识别技术活动行为；二是识别技术融合；三是识别技术生命周期；四是识别技术发展趋势；五是识别技术机会。

第一节　识别技术活动行为

技术活动行为指技术主体的外在活动模式。其主体不仅包括企业，还包括研究组织、行业协会以及政府资助的机构等；其活动特征包括研究领域组织构成、研究领域规模、研究领域的领先者、研究团队之间的差异化等。

识别技术活动行为是企业认识外部技术环境的基本途径。通过识别，有可能对企业市场关系产生影响，有利于企业评估、衡量外部组织和企业自身的优势和劣势，从而做出准确的技术战略决策。

识别技术活动行为对于技术战略的突出影响体现在对技术营销战略活动的支持。对于高新技术企业而言，随着全球一体化技术环境的逐步形成，如何更好地进行技术合作和技术投资，以及部署技术在新产品和价值链中的应用成为关注的焦点。通过获得外部技术在极短时间内增强企业竞争力，同时也将技术作为市场目标，通过输出企业内部技术获取收益，是

---

① ［美］V. K. 纳雷安安：《技术战略与创新：竞争优势的源泉》，程源、高建译，电子工业出版社2002年版，第166—167页。

高新技术类企业核心能力的体现。这种技术营销理念，其任务就是明确并整合技术获取和技术利用活动，创建技术联盟网络。对于企业而言，之所以进行外部技术获取，主要有如下原因①：（1）通过技术合作降低研发费用，共同承担风险；（2）通过技术许可和外购，得到外部已经存在的技术诀窍，避免内部研发延迟，缩短产品上市时间；（3）不同企业有不同的专长，通过获取他人的技术诀窍不仅能达到学习的目的，而且能够结合不同企业的能力，促进项目开发的成功，彼此受益。而之所以对外技术利用，主要是通过对外输出技术，一方面从知识资产中获得额外价值并提高企业的技术地位，另一方面也可以培育技术网络联盟。

与传统营销相比，技术营销侧重于建立技术战略伙伴关系。对于技术型企业而言，传统营销主要从外部获取原材料、能源、零部件、半成品和服务等，而对外则输出产品、系统和服务；而技术营销则主要是从外部环境获取技术使用权，通过收购相关技术或研发合作，获得技术能力，而对外则是根据战略需要出售技术使用权，获得收益，乃至培育、改变竞争领域的演化趋势。

技术营销作为技术获取和技术利用双重功能的整合体，其运作建立在技术竞争情报挖掘的基础之上。技术营销战略决策的制定可以概括为三个基本问题②：

第一，哪些技术，这需要对大量现有技术和将来可能出现的技术进行分析，以选择决定产品性能的关键技术，然后在分析的基础上选择已有或待开发的技术满足企业发展要求；

第二，自制还是购买，确定是从外部获取技术，还是内部开发；

第三，保留还是出售。

技术营销中这三个问题的决策需要基于技术性能、技术应用、技术预测、技术评估、技术用户和提供者几类知识，其基础则是技术竞争情报活动。如解决第一个问题需要跨行业搜索现有技术并进行技术预测和评估；而解决第二、第三个问题的关键则包含对外部技术活动行为的识别，主要用于回答从何处获取技术以及向谁出售技术。表4－2简要地提炼出了技术获取和技术利用活动中的典型技术竞争情报需求。

---

① 欧洲技术与创新管理研究院著：《企业战略与技术创新决策：创造商业价值的战略和能力》，陈劲、方琴译，知识产权出版社2006年版，第207页。

② 同上。

表 4 - 2	技术活动中的情报行为	
	典型的技术竞争情报需求	基于信息的技术活动行为表征
技术获取	识别领域专家、识别研究团队、识别能提供研究设施的政府组织、识别拥有相关技术的企业等	作者概览图、发明者概览图、研究团队成果、企业员工的研究成果及专利等
技术利用	识别潜在的技术用户	专利使用者、潜在的领域进入者

第二节　识别技术融合

技术融合是包含技术及其相关要素的综合整合活动，它在商业目的引导下，相互借鉴与兼容不同产业间技术，促使许多不同技术相互累加、互相组合、互相渗透，融为一体并发生复合效应，使技术在沿着一定领域不断向高度专业化方向发展的同时，也呈现出高度综合化趋势，促进企业创造出新工艺和开发出新产品。从本质上而言，技术融合是发生在各产业边界处的更高一级的技术进步。技术融合的过程实质上是技术在不同产业间扩散的结果，技术可以在不同类型产业和企业间扩散和创新，实现不同技术的融合创新，其中包括上、下游产业的创新、融合以及具有一定关联性产业间的技术扩散和融合。①②

技术融合是已呈现的客观事实，自 20 世纪以来，技术不断趋于融合的趋势。早在 20 世纪 70 年代，麻省理工学院媒体实验室尼古路庞特用三个圆圈来描述计算、印刷和广播三者的技术边界，认为三个圆圈的交叉处将会成为成长最快、创新最多的技术领域。进入 20 世纪 80 年代后，将照片、音乐文件、视像和对话透过同一种终端机和网络传送及显示这一"数字融合"现象的出现，使电信、广播电视和出版等产业出现产业融合。而在 21 世纪初，美国商务部和美国国家科学基金会就共同组织召开了一次关于技术融合的专题讨论会，提出纳米科学技术、生物医学技术、

---

① 赵俊杰：《对技术融合趋势的思考》，《科技导报》2003 年第 6 期。
② 孟庆伟、扈春香：《关于自主性技术创新中的技术融合》，《科学管理研究》2003 年第 2 期。

信息技术和认知科学这四大科学技术的有机结合，都将产生巨大的效能并形成新兴产业，并将对人类的学习和工作效率、感觉和认知能力、防御及人类健康等诸方面带来很大影响。[①]

技术融合也是技术发展的内在客观规律，具有其内在的合理性与互补性。以纳米科学技术、生物医学技术、信息技术和认知科学为例，就曾有学者对其互补性进行生动描述[②]：只要认知科学家能想到它，纳米科学家就能建造它，生物科学家就能使用它，信息技术科学家就能监视和控制它。

技术融合具有重要意义：

（1）技术融合能为新产品和新服务的出现提供机会，可以通过改进产品设计，使产品结构趋于合理。

（2）技术融合可以改进生产技术和工艺流程，降低企业的成本，提高产品质量，降低价格，为消费者带来巨大的收益。

（3）技术融合可能进一步引起产业融合。例如，在电子时代，电子管、集成电路成为电子产业发展的技术基础，而芯片系统的存在将各种不同功能联结起来，形成功能更加强大的产业或产品，因而成为各种技术和各个产业得以联结和融合的技术平台。技术融合使不同产业所提供的相同或相似的产品或服务成为替代品，最终导致产业融合产生。

（4）科学的统一和不同技术领域之间的融合将引起新的科技革命，促使社会经济结构和社会生活结构发生革命性变化。

识别技术融合有利于企业把握新的技术机会，寻找合适的技术战略合作伙伴，乃至提前预见产业环境的变化。技术融合的识别可以通过对科学研究领域的跟踪考察分析而实现。由于受传统学科分类影响，很多研究领域都有着自身范围，一定程度上限制了人们的思维认知和实践能力。而通过科学出版物主题链接模式的时序跟踪、跨领域主题聚类及时序分析等，能够识别跨学科、跨行业的交流与合作行为，及时发现新兴研究领域和技术融合的可能性。

---

① 陈柳钦：《技术创新、技术融合与产业融合》，《江南大学学报》（人文社会科学版）2007 年第 5 期。

② 赵俊杰：《对技术融合趋势的思考》，《科技导报》2003 年第 6 期。

第三节　识别技术生命周期

生命周期理论被广泛应用于管理领域，解释某一主体从开始到结束的发展历程，对外体现为诞生、成长、成熟、衰退或死亡等阶段。如果将生命周期模式应用于分析技术特性可以发现，技术也具有随时间变化的发展轨迹（通常被称为技术生命周期），它描述了技术从一种状态（一个阶段）向另一种状态（另一阶段）运动的总体特征。技术生命周期作为技术战略管理的中心概念，可用于指导企业进行重要的技术选择与投资，并根据不同的技术生命周期阶段设计不同的创新模式。

一　技术生命周期理论基础及划分角度

技术生命周期基于以下假定①：基础科学知识是按照一个线性轨迹不断变得更具有应用性，一旦一项技术创新被商业化，各种技术特性就要随着市场演化不断被调整和改进，但是任何一项技术都有着一个物理和组织极限，使得持续改进达到终点，技术效益开始衰退，从而被更新、更有效的技术取代，它的技术生命周期便走到尽头。

技术生命周期的假定建立在对技术演进的描绘的基础之上，是一种定性认知，而技术生命周期的具体划分又可以根据问题分析的需要从不同角度进行，如表4-3所示。

表4-3　　　　　　　　　　技术生命周期的划分

划分角度	划分阶段
从技术需求拉动角度	导入期、成长期、成熟期和停滞期
借助产品生命周期理论	创新、成长、成熟和衰退
从技术发展过程和新老技术更替角度	先驱阶段、发明阶段、成长阶段、成熟阶段、受新技术挑战的阶段、退出阶段、古老阶段
技术系统进化理论	婴儿期、成长期、退出期
……	……

---

①　江岩：《市场失灵、技术生命周期与技术创新政策》，《齐鲁学刊》2005年第3期。

（一）从技术需求拉动角度

需求拉动视角假定必备的科学推力已经具备，而将决定技术生命周期的因素看成受制于市场因素和企业的具体情况，探讨企业如何依据市场需求以及未来需求来把握"技术机会"，如何借助外生技术变量改变自己的生产函数。根据技术被市场接受的过程，可以将技术生命周期可分为如下四个阶段：①导入期，是指任何一项新技术自实验室诞生后最初被引入市场的那段时期；②生长期，是指新技术在经历了导入期之后赢得市场认同并为部分厂商所相继采用的时期；③成熟期，是指新技术在经历了导入期和生长期之后赢得社会的广泛认同，并为广大用户所采用的时期；④停滞期，是指新技术在经历了生长期和成熟期之后其技术的领先优势逐步趋于消失的时期，此时的新技术也就是"常规技术"。企业在导入期、生长期、成熟期和停滞期这些不同阶段，"技术机会"选择策略有所不同。①

（二）从产品生命周期角度

产品生命周期理论把产品的营销历史比作人的生命，要经历一个开发、引进、成长、成熟、衰退阶段，其中产品开发期指从开发产品的设想到产品制造成功的时期，此期间该产品销售额为零，公司投资不断增加；产品引进期指新产品新上市，由于引进产品的费用太高，初期通常利润偏低或为负数，但此时没有或只有极少的竞争者；产品成长期产品经过一段时间已有相当的知名度，销售快速增长，利润也显著增加，但由于市场及利润增长较快，容易吸引更多的竞争者；产品成熟期市场成长趋势减缓或饱和，产品已被大多数潜在购买者接受，利润在达到顶点后逐渐走下坡路，此时市场竞争激烈，公司为保持产品地位需投入大量营销费用；产品衰退期产品销售量显著衰退，利润也大幅度下降，市场竞争者也越来越少。

由于产品生命周期在不同技术水平的国家里，发生的时间和过程是不一样的，因此最初被用于解释国际市场产品贸易的变迁以及产业和技术的转移，指导国际投资与国际贸易，现也用于指导产品营销人员针对各个阶段不同的特点而采取不同的营销组合策略。基于产品生命周期理论，可以将技术生命周期划分为创新、成长、成熟和衰退四个阶段，虽然这种划分

---

① 浦根祥、周志豪：《从技术生命周期看企业"技术机会"选择》，《自然辩证法研究》1998 年第 6 期。

完全把技术作为一种商品来讨论，仅适用于某单一技术，而现实中产品技术是由多种技术组合而成的技术系统，因此与基于技术进化的技术生命周期差别较大①，但是，却有利于分析研究开发成本、技术收益、风险和市场供求关系等因素随技术生命周期的变化。②

（三）从技术系统进化角度③

技术系统进化理论是 TRIZ（Theory of Inventive Problem Solving, TRIZ）理论的一项重要成果。TRIZ 理论是一种"发明问题的解决"理论，主要研究技术创新或发明的基本规律及其应用，其核心是技术系统进化理论。这一理论提出：技术系统一直处于进化之中，解决冲突是其进化的推动力，进化速度随技术系统一般冲突的解决而降低，使其产生突变的唯一方法是解决阻碍其进化的深层次冲突。

TRIZ 理论认为，任何技术或经过改进的现有技术发展，都通过其特性参数变化来表示。所谓"特性"，就是技术的特点和性质，是对某项技术或技术产品关键性能的描述，如汽车的性能很多，但是它的关键性能是速度，因此可把速度作为一个它的特性，有了特性还必须使之定量化，就是用一定的量度单位来表明其在程度上的差异，这种量度单位就称为"参数"，特性参数就是某项技术或技术产品的关键性能参数，而技术系统的特性参数即性能是处于进化过程中的。根据技术发展的速度可以将其划分为新发明阶段、技术改进阶段及技术成熟阶段三个阶段。在技术系统性能快速提高过程中，竞争者开始生产类似产品，相互间竞争保证了技术系统的发展速度，随着技术系统发展接近极限，发展速度开始放慢，但出于竞争需要，企业继续投入大量资金，强迫技术系统达到其极限。技术系统以发现为起点到技术的消亡沿着 S 形路径发展，曲线由几个相连接的线性线段组成，相应的每段对应着一代产品的一个进化阶段，分别为婴儿期、成长期、成熟期和退出期，这四个阶段组成了产品的"技术生命周期"，表示出了系统主要特性参数（如功率、生产率、速度、系统的产出

①　冯青：《基于专利分析的产品技术成熟度预测技术及其工具研究》，硕士学位论文，国防科学技术大学，2005 年，第 8—11 页。

②　姜明辉、惠晓峰、邹鹏：《生命周期下技术转让价格的特征分析》，《决策借鉴》2000 年第 6 期。

③　冯青：《基于专利分析的产品技术成熟度预测技术及其工具研究》，硕士学位论文，国防科学技术大学，2005 年，第 8—11 页。

等）随时间的变化规律：处于前两个阶段的产品，企业应加大投入，尽快使其进入成熟期，以便企业获得最大效益；处于成熟期的产品，企业应对其替代技术进行研究，使产品取得新的替代技术，以应对未来的市场竞争；处于退出期的产品，企业利润急剧下降，应尽快淘汰。这些可以为企业产品规划提供具体的、科学的支持。

（四）从研发成本投入角度[①]

从研发投入角度看，技术发展也呈 S 形曲线演化趋势，一般可分为出现和缓慢增长阶段、快速增长阶段、缓慢增长阶段和技术极限阶段。其中，出现和缓慢增长阶段中，技术刚刚出现，研究方法和技术原理都不成熟，研究开发的努力表现出很大随机性，这一时期，技术性能的改进比较缓慢；快速增长阶段中技术性能快速增长，出现了大量围绕该项技术的重大产品和工艺创新，技术性能改进明显；缓慢增长阶段，增长速度开始趋缓；技术极限阶段，其技术性能增长速度非常缓慢，投入大量的研究开发成本，效果也不明显，技术性能开始趋于技术极限，此时，往往会出现一种新的技术去替代原有的技术，这样技术演化就在一条新的 S 形曲线上发展。

二　识别技术生命周期的重要意义

技术生命周期是企业制定技术战略的重要参考尺度，识别技术生命周期的各阶段既有利于企业进行技术选择，又有利于企业衡量自身技术水平，寻找技术创新点，把握技术机会。

具体而言，企业识别技术生命周期有如下意义：

（一）是高新技术企业技术事务管理的重要依据

技术生命周期工具可以作为企业职能部门进行事务管理的重要依据，如基于技术生命周期的技术组合管理、基于高新技术企业生命周期的研发人员薪酬设计与管理、基于技术生命周期分析的技术营销管理、基于技术生命周期分析的技术定价与技术转让管理等。

（二）是高新技术企业技术战略管理的重要尺度

技术生命周期工具可以作为企业进行技术选择、制定技术创新战略的重要手段。如通过技术生命周期与技术成熟度分析，可以帮助企业寻找自身差距，有的放矢地提高自己的技术水平，寻找创新点。

---

① 程源、雷家骕、杨湘玉编著：《技术创新：战略与管理》，高等教育出版社 2005 年版，第 69—72 页。

第四节 识别技术发展趋势

技术发展有其内在规律性，在一定程度上，技术发展趋势是可以预测和预见的。技术预测与预见以技术的发展为考察对象，采用一定分析方法与手段，研究与技术发明、技术应用等有关的问题，预言、推测未来技术发展动向，并了解带来这些发展变化的科技推动与市场拉动等因素，通过对科学、技术、经济和社会发展进行整体预测，系统选择具有战略意义的技术领域、关键技术和通用技术，为企业技术决策提供战略知识。

广义的技术预测可以分为探索性预测与规范性预测两大类。[①] 其中，探索性预测立足于现有技术，做出关于未来技术发展的预报；规范性预测是在假设探索性预测所预言的未来技术革新确能实现的情况下，指出实现这些技术的方式或方法。探索性预测要解决的问题包括：未来可能出现什么样的新机器、新技术、新工艺；如何对它们进行度量，或者说它们可能达到什么样的性能水平；什么时候可能达到这样的性能水平；它们出现的可能性如何、可靠性怎样。规范性技术预测方法主要建立在系统分析基础上，将预测系统分解为各个单元，并且对各单元的相互联系进行研究。

第五节 识别技术机会

受多种因素影响，企业外部技术环境不断变化，而动态演化的全球技术环境为企业提供了大量技术机会，给企业创新带来了机遇和挑战。虽然技术机会是客观存在的，但是还需要企业主体具备一定能力并采取一定手段来发现、识别这些技术机会。关于技术机会的含义，可从技术本身和经济学等角度进行分析，如表 4-4 所示。

[①] 王瑞祥、穆荣平：《从技术预测到技术预见：理论与方法》，《世界科学》2003 年第 4 期。

表 4 - 4 技术机会含义

分析角度	含义
技术本身角度	内涵的技术机会：是指现存技术的规范或性能有改进的可能 外延的技术机会：是指一个特定的技术有转移到其他技术系统的可能性
经济学角度	宏观经济增长理论中，技术机会被解释为递增回报的来源。技术机会表现为技术应用于生产中的经济收益的大小，技术机会与技术创新可能带来的收益呈正相关，与新产品对旧产品的冲击带来的损失和技术创新的期望成本呈负相关
分析过程角度	技术机会主要是指通过对某领域内已有技术在横向和纵向发展趋势及相互关系的发掘，推断该领域即将出现的技术形态或技术发展点

资料来源：李保明：《技术机会与技术创新的决策》，《科学管理研究》第 8 卷 1990 年第 5 期。Frederic M. Scherer, "New Perspectives on Economic Growth and Technological Innovation". *Journal of Economics*, Vol. 73, No. 2, June 2001, pp. 204 - 206. 李辉、乔晓东：《基于科技文献的技术机会分析方法初探》，《情报杂志》2007 年第 5 期。

技术机会具有以下特征[1]：

（1）各个行业各自所处发展阶段不同，它们之间的技术机会就不同，如新兴的生物制品行业所存在的技术机会比已处于成熟期的钢铁制造行业的技术机会要多得多。

（2）同一行业中，不同企业对机会的认识也有很大的差别，而这种认识的差别源于企业对特殊技术或市场决定力量的不同认识。

（3）感知到的技术机会的不同有可能影响企业创业活动。

从上述特征表述可知，技术机会既具有客观性，又具有主观性。客观性主要是由技术环境的自发变化或引致变化造成的。对于这种客观存在的技术机会又会因为主体不同，发现与利用也存在差异，主要由两方面的原因引起[2]：

（1）信息的不完全。这主要是由于不确定性决定的，特定领域的不确定性越高，对技术机会的理解就可能越多样化。

（2）信息的非对称性。这主要是由于分工和专业化造成的，知道信

---

① 程美静：《不确定环境中创业机会识别与创业力关系研究》，硕士学位论文，西南交通大学，2005 年，第 11—20 页。

② 张妍、李兆友：《国内技术机会研究：现状、困境及未来走向》，《东北大学学报》2007 年第 4 期。

息的一方会在竞争者知道信息之前尽快抓住机会并实现技术创新。

因此可以说，企业对于技术机会的发现与识别是具有能力差别的。学者曾对技术机会能力给出这样的诠释：技术机会识别解释为获得和分析与技术发展相关信息的能力，特别是基于科学和技术创新的相关信息。[①]

技术机会的发现与利用对于企业技术选择、技术创新、研发管理等战术和战略活动均产生较大影响，其作用主要体现在如下两个方面：

（1）技术机会对其技术创新的决策提供了一定的依据。技术机会是技术创新的技术基础，为技术创新提供了技术上的可能性。同时，技术机会对企业技术创新又是一种约束，技术机会的大小，限制着企业对某项技术创新的实施。因此，技术机会在企业技术创新的决策活动中是一个决定性的因素。[②]

（2）技术机会对技术创新绩效的影响。[③] 技术机会的选择是企业技术创新成败的关键，企业能否对技术机会进行正确评价和选择尤为重要，置身于高技术机会的企业一般比置身于低技术机会的企业更加可能拥有良好的创新绩效。

[①]　［美］V. K. 纳雷安安：《技术战略与创新：竞争优势的源泉》，程源、高建译，电子工业出版社 2002 年版，第 166—167 页。

[②]　李保明：《技术机会与技术创新的决策》，《科学管理研究》1990 年第 5 期。

[③]　沈必扬、王晓明：《基于吸纳能力、技术机遇和知识溢出的企业创新绩效分析》，《科技进步与对策》2006 年第 4 期。

第五章　企业技术竞争情报源整合

　　企业技术竞争情报挖掘的首要环节是为技术竞争情报活动获得原始数据，并对其进行组织与集成：（1）选择技术竞争情报源。为了有效开展技术竞争情报活动，需要识别并合理选择相关情报源。（2）制订采集策略与方法。需要采用一定的收集方法和策略对不同的数据源进行采集。（3）采集结果的处理与集成。为了能将异源、异构信息转换成挖掘环节可以利用的形式，需要对采集结果进行统一处理与存储。

第一节　企业技术竞争情报源选择

　　在全球技术经济环境下，技术的快速发展使得技术全球化进程日益加剧，企业要在激烈的市场竞争中赢得竞争优势，增强市场竞争能力，不仅要在企业内部高效开发出其所需要的技术，而且还依赖有效的外部技术源的获取。[1] 这一需求极大地促进了技术的传播与扩散。而技术扩散又以技术信息的产生、存储、检索、开发与利用为前提。大学实验室、科学研究机构、竞争企业、供应商甚至消费者等作为技术开发者和促进者，直接或间接参与技术知识创造与应用，并以研究论文、报告、专利等信息活动方式推动着技术环境的变化与发展。有效的技术研究网络总是在积极传播和接收新的技术信息。技术信息作为技术活动的一种输出表征，为观察、监测外部技术环境及其活动特征提供了可能性。

一　企业技术竞争情报源的类别

　　根据技术环境中技术影响因素和参与角色，企业外部技术竞争情报主

---

[1] 程源、雷家骕、杨湘玉编著：《技术创新：战略与管理》，高等教育出版社 2005 年版，第 69—72 页。

要来源于大学实验室、科学研究机构、竞争企业、供应商及消费者等主体技术活动，其信息表征形式主要为科技论文、网络文献、研发报告、技术专利、技术标准等。

（一）科技数据库信息资源

科技论文作为研发活动的直接输出产物，是企业获取外部技术竞争情报的重要数据来源。由于专业科技出版物数据库大部分经过同行评议，因此数据质量较高。而且，科技文献数据库中设置的结构化字段（作者、工作单位、引文、出版物名称、出版日期等）非常有利于采用知识发现手段对其进行分析，如对数据集中的作者、工作单位、出版物等可以进行"上卷"和"按时间切片"等操作，进行简单统计分析，获取数据中直接包含的较明显的知识。也可以对字段进行关联分析，如通过挖掘"论文主题"和"出版日期"两者之间的关系，可以分析某一技术领域的发展趋势；通过"作者"字段，可以分析作者合作模式。根据技术竞争情报业务问题的需要，不仅可以对两个字段之间的关系进行分析，还可以对三个字段（或以上）之间的关系进行分析，从中挖掘技术发展模式以及研发参与模式。

（二）网络灰色信息资源

灰色文献是指不受营利出版者控制，而由政府、学术机构、工商界、产业界产出的各种电子形式和印刷形式资料，主要包括技术报告、学位论文、会议论文、技术规范与标准、技术与商业文件、翻译资料等。而网络环境下，随着开放存储理念的出现与发展，网络出版、网络传播等快捷方式使得网络灰色文献日益丰富，成为技术竞争情报工作中不可忽视的重要数字化信息资源。

与传统科技数据库信息资源相比，网络灰色信息资源具有如下特征①②：

（1）时效性强。借助网络信息管理优势，相关预印本服务系统使得原创科研论文、综述、学位论文、讲义及专著等能迅速发布并获得读者反馈信息，简化了正式出版时的烦琐步骤，因此网上灰色文献的发布速度更加快捷和高效。此外，网上灰色文献的更新速度很快，美国数字信息基础

---

① 程慧荣、钟惠燕：《挖掘网上灰色文献，提升图书馆信息服务能力》，《现代情报》2006年第4期。

② 王新：《因特网上灰色文献的开发与利用》，《情报理论与实践》2005年第2期。

架构和保存项目调查报告显示，网络灰色信息的平均寿命仅为 44 天。

（2）内容专业性强。多数灰色文献都来源于实际工作的第一线，很多情况下都是为了某种特定的需要而产生的，如对某个技术问题的讨论、阶段性的成果通报等，内容相当专深、专业性较强，作为第一手资料，灰色文献往往及时反映了研究过程中的思考、方案、措施、数据、发展方向等。因此它包含了研究发现中的最新的信息，内容全面而精练。有调查显示，灰色文献中包含的有关技术、方法、措施及实验中的详细信息，在后来的正式出版中很多都被省略掉了，因此，对于研究人员来说，灰色文献通常是第一手资料和唯一信息源，其使用和参考价值是正式出版物无法替代的。

目前，特别是美国、英国等发达国家都把灰色文献作为一种重要的情报源，并采取集中模式或分散模式对灰色文献进行收集利用，其灰色信息资源主要分布在政府门户、研究机构和信息服务网站上，表 5 - 1 对其分布做一简要介绍。

表 5 - 1　　　　　　　　　　网络灰色信息资源示例

来　源	内　容
美国国家技术情报局门户网站①	收集了美国商业技术管理部各机构的技术报告，目前，该网站能够搜索到 75 万多条记录，并且，每周增加新记录达数千条
美国能源部科技情报办公室主持开发的灰色文献门户网站②	作为一个技术报告的门户网站，其信息源于由联邦政府投资的研究和开发项目
美国航空航天局下属研究机构③	各研究机构各自的技术报告服务器上存储了航空航天领域的技术报告
惠普实验室④	作为惠普公司的研究机构，在其网站上发布了由惠普公司提供的 1990 年以来的实验技术报告，内容包括计算机科学、通信、网络及应用数学等方面的研究成果
美国洛斯阿拉莫斯国家实验室⑤	该实验室于 1991 年 8 月建立电子预印本文献库，主要收集包含物理学、数学、非线性科学、计算机科学 4 个学科共计 17 万篇预印本文献

资料来源：徐刘靖、刘细文：《国内外灰色文献开发利用现状对比分析》，《图书馆建设》2005 年第 5 期。

---

①　NITS，"General Information About Nits"，http：//www. ntis. gov，2007 - 1 - 30.

②　OSTI，"General Information About Graylit"，http：//www. osti. gov/graylit/，2007 - 1 - 30.

③　NASA，"General Information About NASA"，http：//ntrs. nasa. gov/，2007 - 1 - 30.

④　HPL，"General Information About HPL"，http：//www. hpl. hp. com/，2007 - 1 - 30.

⑤　arXiv，"General Information About arXiv"，http：//arxiv. org/help/general，2007 - 1 - 30.

（三）研发数据库信息资源

考察研发活动是企业了解外部技术环境的另一个重要手段，如研发活动中的两个输入指标"参与研发活动的科技工作者的数量"和"研发投入"可以测量技术的研发水平和规模，而这两方面的测量指标都有专门数据库进行收集整理，如 Price Water house Coopers 收集了风险资金流入技术领域的信息；Community of Science 基金研究数据库收集了 Small Business Innovation Research 资金资助的商务项目信息；欧洲 Community Innovation Surveys 国家项目对研发投入、政策和效果等进行跟踪，并开设了公布栏"Innovation Scoreboard"；经济合作与发展组织的"Science & Technology Scoreboard"汇集了国家和产业研发的关键数据。[①]

研发数据库是一类以正式研发活动为主题，对研发活动情报及相关资源进行地区或国家层次的统一收集和系统整理存储的数据库。在技术战略情报挖掘中，它与常见的科技成果数据库互补，可以形成对科研活动的宏观把握和整体认识。研发数据库具有如下特点[②]：

（1）面向科技项目或计划过程。虽然研发活动情报与科技报告一样主要针对正式科技项目或计划，但是科技报告是系统化知识和经验总结的成果结晶，而研发数据库以面向过程的视角将研发活动的各相关要素和资源情况统一整合展现出来，有助于了解有关国家或地区研究体系及运行环境总体情况，对评估其现状和发展具有全局意义。

（2）重视时效性。与传统的科技报告必须等待有关项目完成（或阶段完成）才能提交相应部门评审并最后提交到数据库中相比，研发活动情报有很高的及时性和动态性。研发数据库中包含新的立项和计划，并且原有项目进展变更信息也要求实时记录，有利于跟踪各领域研发动态。

（3）定性与定量数据类型相结合，可以提供多重宏观与微观分析视角。研发活动情报涉及多种类型数据，既包含研发项目属性，如重点、难点等定性描述字段数据；也包含研究人员、出版物、专利数量等体现研发能力的宏观定量指标；还包含预算或支出等研发资金投入管理类数据。研发数据库对研发活动过程的组织，对于前瞻性战略情报研究具有独特的、

---

① Alan L. Porter, *Tech Mining: Exploiting New Technologies for Competitive Advantage.* New York: John Wiley & Sons, Inc., 2005, p. 70.

② 黎江、刘细文、柯贤能等：《支持战略情报研究的研发数据库探讨》，《图书情报知识》2007 年第 5 期。

重要的资源价值。

研发数据库信息资源具有战略情报研究支持功能，具体而言，主要包含如下功能[1]：

（1）统一收集存储和系统管理功能。研发数据库需要自动生成或采集关于研发活动的系统、全面的信息，有助于查找相似项目，避免重复投入，还能准确了解、控制研发资金的投入。

（2）交流沟通平台。有助于寻找合作单位和研究人员，发现配套技术、支撑技术、替代技术等技术群的开发情况，对制定竞争战略起到参考作用。

（3）为战略情报分析提供基础。基于研发数据库可以定期评估某一国家研究体系、政策和管理结构现状与进展，以及研究体系在结构、内容和进展方面新出现的问题和趋势。

目前，美国、欧盟和日本等已经开发了大规模在线研发数据库，比较典型的有 RaDiUS、ERAWATCH、ReaD 等，分别包含了相应国家和地区较全面的研发活动权威数据，实时跟踪和更新，各自在科技领域发挥了重要作用，表 5 - 2 对这三个研发数据库进行简要介绍。

（四）专利信息资源

专利信息泛指人类从事一切专利活动所产生的相关信息的综合，是对专利权发生、发展过程中产生的信息的抽象规定和高度概括，既包括发明、实用新型、外观设计说明书和文摘索引等以保护专利客体为目的的专利文献，又包含表征专利的信息（主要是指专利的产生、发展和变更中所产生的信息）。[2]

专利信息为企业了解外部技术环境提供了关键性信息。专利文献信息基本展现了某一技术领域技术发展全貌；而专利申请、专利利用等专利行为信息则从侧面反映出一个国家或地区及企业的技术创新能力、科技水平和市场化程度。专利信息挖掘有利于企业充分利用现有技术，掌握技术研发历史起源、当前状况和未来发展趋势，密切关注竞争对手技术产品开发动向，发现技术空白点，找到企业发展方向，并优化企业技术输出方向，

---

[1] 黎江、刘细文、柯贤能等：《支持战略情报研究的研发数据库探讨》，《图书情报知识》2007 年第 5 期。

[2] 陈燕、黄迎燕、方建国等编著：《专利信息采集与分析》，清华大学出版社 2006 年版，第 1—3 页。

表 5 - 2		典型的研发数据库简介	
	RaDiUS	ERAWATCH	ReaD
开发者	由兰德公司与美国国家科学基金会合作开发，是第一个实时跟踪美国政府研发活动与资源的数据库	欧盟联合研究中心（JRC）未来技术研究所（IPTS）与欧盟委员会研究总理事会的一项长期联合行动计划所提供的在线信息平台	日本科技振兴机构（JST）开发的关于日本研发活动和研究资源信息收集和提供的站点
数据来源	只使用由联邦政府各机构收集的管理数据及汇编政府在 R&D 活动方面的投资信息	通过 ERAWATCH 网络（联系合作国家的集成组织网络）收集和整理各地发布的信息	个人研究者注册账户后自行添加个人信息；来自研究机构的数据库
功能作用	扫描联邦政府各机构研发活动的总体信息；比较联邦政府各机构在特定科技领域的研发活动	提供战略情报服务以支持在研究领域基于事实的政策制定；提供关于国家和地区研究体系及它们的运行环境的更好的知识和更好的理解，以促进欧洲研究区（ERA）的实现	促进日本政府、企业、研究机构与学术团体的交流，为日本研究人员间的交流与合作提供详细参考信息，为政府制定科技政策提供数据支撑
结构框架	共 5 层，最上层是联邦机构层的研发活动，往下依次是每个联邦机构的各个署层，比如，计划层、项目层、奖助/任务层	两个互补的部分："研究清单"系统收集和分类国家、地区研究档案、研究政策、研究计划、研究主体和数据来源五大类主要信息；"情报服务"对研究相关的政策及其趋势、影响因素等进行更加深入的分析和报告	分为平行的四块，分别提供日本研究所、研究人员、研究项目和研究资源的详细信息

　　资料来源：黎江、刘细文、柯贤能等：《支持战略情报研究的研发数据库探讨》，《图书情报知识》2007 年第 5 期。

　　为企业技术战略管理与技术创新进行科学合理的定位。

　　（五）知识化网络

　　随着社会性网络软件以及 Web 服务技术的产生和发展，知识的生产与组织发生了巨大变化，用户成为主要的知识提供者，网络环境中不仅存在大量静态信息，还拥有参与者之间的交流沟通所表达出来的动态交互型知识，涵盖了外化于人的显性客观知识和内在于人的隐性主观知识，同时，使得资源网络向知识网络进行演变。网络环境的知识化，为外部技术竞争情报挖掘提供了良好的知识源，如 CSDN IT 技术社区特别邀请 IBM 的技术专家搭建了"IBM 技术专家群"，给关注 IBM 软件技术的开发人员提供交流的平台，同时能够及时了解到 IBM 的最新技术。①

二　企业技术竞争情报源特征

竞争情报采集是企业竞争情报系统有效运行的前提。而在竞争情报采集工作中，情报源的合理选择与配置直接关系情报采集结果。在日常生活中人们认识到，优质的水源是合格水质的保障，水源的勘测与评估是饮用水公司建设的首要问题。"问渠哪得清如许，为有源头活水来"，如果缺乏准确、完整、及时的信息，即使采用数据挖掘进行"深度处理与净化"，也难以保证"蒸发"出高质量的竞争情报。因此，企业在开展情报采集工作之前，需要多方面分析情报源特性，为情报采集打下基础。从情报源类别分析中可知，企业技术竞争情报源主要呈现如下特点：

（一）量大

企业技术竞争情报源覆盖企业内外部多个层面。处于高度竞争环境下的企业面对动态变化的经营环境需要进行有效的管理决策，而决策的制定需要综合考虑竞争对手、供应商、协作企业、环境资源以及企业内部组织等多方面因素，因而需要竞争情报采集覆盖企业内外部多层面的信息源。企业技术竞争情报源不仅包括科技数据库、网络灰色文献、专利、技术论坛、竞争对手企业站点多数据源的海量信息。随着企业网站建设技术、人文等多方面水平的提高，文本、图像、动画等各种格式的信息被有机融合形成了企业对内对外的窗口，同时也为竞争情报工作提供了丰富的素材来源。

（二）分布

由于这些原始信息隶属于不同的应用系统，从而致使与某一技术主题相关的信息呈现分布状态。

（三）异构

企业的竞争情报采集不仅要对企业内部的关系数据库等结构化数据源

---

① CSDN：《IBM 技术专家群》，http：//blog. csdn. net/error/404. html？ aspxerrorpath =/group/ ibmtechgroup/，2007 年 12 月 22 日。

进行深层次挖掘，还要借助文本挖掘技术对非结构化文本信息进行抽取，以便发现不同数据属性的关联规则，并进行聚类、分类处理。除此之外，为完善竞争情报采集工作，不能忽视网页表格数据以及图像、动画等多媒体数据的采集和分析。通过对多媒体数据的挖掘可以发现图像、视频等多媒体对象之间暗含的内容、空间等特征方面的关联性，如通过采集竞争对手已发布的一系列产品图片，并利用数据挖掘技术，可以发现颜色、形状、纹理等许多特征之间的关联性，从而预测竞争对手下一代产品的材质、式样等。不同的应用系统在数据组织、存储格式等方面存在着巨大差异。

（四）动态

随着 JSP、CSS、J2EE、.NET 等技术和平台的发展，许多网站提供动态更新实时数据服务，Web 动态信息发布日益广泛，各种网络社区、论坛、微博等构成了庞大的动态信息资源。这些动态网络信息资源往往以网络数据库的形式隐身于网络深处，并不能采用一般搜索引擎获得。

三　企业技术竞争情报源的采集策略

（一）根据不同技术演化阶段特点设置相应采集目标与手段

技术开发包含从基础研究到应用研究的多个阶段，在此过程中，不同技术开发者和技术促进者会在不同时间段参与进来，因此导致有关外部技术竞争情报会以不同信息形态存在于不同群体中，因此需要针对不同技术演化阶段特征设置相应采集对象与手段，完成不同的目标。如在产业早期，尚未出现新开发的技术，前期技术资料只为少数技术人员个人所掌握，因此该阶段主要是采集有关市场需求数据，以及开发基于人际情报网络的信息源，识别主要的技术开发人员以及技术开发促进者，采集其活动行为数据；而在产业中期，技术已经处于渐进变化阶段，大多数行业资料都可以公开公布，而且技术性能特征也日趋清晰，易于根据技术指标进行监控与预测；产业发展成熟后，就面临技术退化的危险，因此，需要采集的技术主题范围非常宽，如电子企业技术变化的分析需要广泛采集有关原材料、电路、软件制造商、生物科学等多方位的技术开发信息。[①] 表 5-3 列举了不同技术演化阶段采集重点、数据来源类别、采集目标。

---

① V. K. 纳雷安安：《技术战略与创新：竞争优势的源泉》，程源、高建译，电子工业出版社 2002 年版，第 175 页。

表 5 – 3   不同技术阶段所对应的采集策略

	技术阶段		
	早期	中期	成熟期
采集重点	广泛性 商业化前的科学知识	监控 技术开发	问题的解决 产品/服务
数据来源	开发/概要/发明/专业技术 科学发展趋势/突破	顾客/供应商 技术趋势 竞争者的技术	成本 市场/产业趋势
采集目标 （收益）	节约时间 新的技术机会选择	减少意外 早期趋势识别	市场战略 市场退化的早期预警

资料来源：V. K. 纳雷安安：《技术战略与创新：竞争优势的源泉》，程源、高建译，电子工业出版社 2002 年版，第 175 页。

（二）基于数据挖掘的网络信息源的评估与选择策略

技术竞争情报对企业战略决策作用表明，情报来源必须具有绝对的可靠性与真实性。网络作为一个信息自由发布的舞台，信息类型复杂、内容繁杂、来源混杂，其可靠性与真实性已是人们关注的焦点。如果缺乏对信息源的分析、评价和选择，就会降低采集结果的可信度，影响其使用效果。面对复杂的网络环境，对于营利性企业而言，必须引入定性与定量方法对采集信息源进行自动高效的评估和选择，这要求能综合应用数据挖掘、网络计量、内容分析等先进理论与技术，从海量的、不确定的、动态的网络信息源中，发现可靠的、核心的、有价值的数据源。总的来说，可从如下三个角度入手：

（1）采用数据挖掘技术对网络信息源的结构进行挖掘。在信息源的评估与选择中，结构挖掘主要有两层作用：

①挖掘网络信息源结构的稳定性信息。网络数据源结构的稳定性对于智能化 Web 内容采集具有极其重要的作用，将在很大程度降低采集的复杂性。一般来说，重要企业网站的设计都比较严谨，页面上的每一个内容板块甚至每一个超链接的设置都有其功能和目的，并且结构稳定，在一定程度上和企业的核心业务、经营思路等紧密相关，不轻易变化。通过结构稳定性信息的挖掘，便于找到易于执行自动采集的重要网络信息源。

②挖掘网络信息源结构的"资源中心"（Hub）特性信息。根据 Hub

特性，可以找出网络中的权威信息源，发现与采集主题相关的价值最高的页面和关联众多权威页面的中心页面。

（2）采用数据挖掘技术对网络信息源的内容进行挖掘。在信息源的评估与选择中，对于大型信息源进行初步内容分析挖掘，可以发现有价值的信息源，利用对比分析和孤立点检测等技术对内容进行挖掘，还可确定信息源的可靠性。

（3）采用数据挖掘技术对网络信息源的访问流量进行挖掘，可以发现最受大众欢迎的核心信息源。

（三）面向数据库信息资源的知识检索策略

科技论文信息资源是采集技术竞争情报必需的重要战略资源。科技论文作为最新理论研究成果和工程实践经验展示和交流的载体，具有其特点：从内容上看，科技论文具有突出的主题性，而且主题之间存在复杂的网状关联特征；从结构上看，科技论文拥有作者、研究单位、资金等外部属性，这些外部属性之间也具有一定的关联特性；从表达上看，除了自然语言外，还有大量图表、公式、动画等元素。

目前，科技论文检索理论及技术伴随信息技术而迅速发展，已实现基于关键词的全文检索，但仍存在以下不足：

（1）对多维科技论文的内在关联揭示能力有限。从本质上看，相关领域内的科技论文之间存在着时间、空间以及内容上的内在联系。如果能够揭示这种内在关联，必将对科技论文的快速、准确获取及其质量的客观评价产生巨大的影响。

（2）对多维科技论文的内容挖掘支持不够。目前的检索机制仅利用论文的浅层特征和关键词进行检索，对多维科技论文的内容特征和用户需求难以进行准确的分析和描述，缺乏深层次知识的检索、挖掘及处理方法。

因此，在技术竞争情报采集中，需要依据科技论文特征，采用合适的本体建立语言和工具，构建多维知识库结构模型，揭示科技论文蕴含的多重关联，提高知识单元与知识关联的数量和深度。在此基础上，进行语义概念检索、本体关系检索、规则推理检索、本体实例检索。

（四）面向技术主题的智能搜索策略

在技术竞争情报工作中，网络信息资源已逐步发展成为关键信息源。虽然与专业科技出版物数据库相比，网络信息资源缺乏一定的质量保证，但是它所包含的信息量越来越多，而且能获得最新信息。通过数据挖掘手段对网络信息源进行评估与选择后，可以将其作为专业科技出版物数据库的有益补充。

网络信息资源是一个网状结构的信息空间，它有两个基本成分：文档和超链。如果把文档看作节点，把文档间的超链看作从源文档指向目标文档的有向边，则可以把 Web 简单地看作一个有向图。通用搜索引擎一般采用广度优先遍历策略对其进行遍历，它通常从一个"种子集"出发，通过 HTTP 协议请求并下载 Web 页面，分析页面并提取链接，按照所遇到的链接的先后顺序将其加入一个队列中，采用先进先出的顺序采集所有结点信息，然后再以循环迭代的方式访问 Web，其核心指导思想是尽可能多地采集所有信息页面，如图 5 - 1（a）所示，由于这种方法没有使用任何知识，其采集性能是非常低的。与通用搜索引擎相对应，专题搜索引擎只采集具有相关主题的页面信息，图 5 - 1（b）显示了专题搜索引擎搜索"○"主题时的搜索结点与顺序，从而提高采集性能。

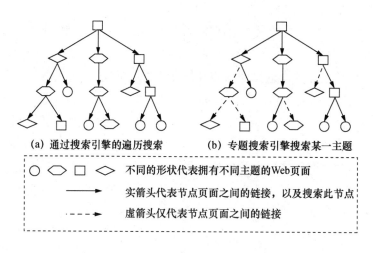

（a）通过搜索引擎的遍历搜索　　（b）专题搜索引擎搜索某一主题

○ ◇ □ ◇　　不同的形状代表拥有不同主题的Web页面

——→　　　实箭头代表节点页面之间的链接，以及搜索此节点

- - →　　　虚箭头仅代表节点页面之间的链接

图 5 - 1　基于广度优先和面向主题的搜索策略示意

在技术竞争情报采集中，不区分主题、覆盖一切的策略会给竞争情报带来了一些负面效果，降低后续的查准率，增加挖掘分析的困难，因此也需要采用面向主题的采集策略，仅访问 Web 网络中相关主题页面，从而减少页面采集的范围，提高竞争情报采集的速度和效率，增加采集结果的主题相关度。为了寻找到具有相关信息的 Web 页面，需要判断页面主题

的相关性，并预测、选取合适的搜索路径。页面主题相关性的判断一般采用文本主题分类算法[①]：

第一步：进行页面分析，获得描述相关主题概念的关键词及其权值。页面分析主要包括文本预处理和主题概念识别。文本预处理是利用自然语言处理技术和事先构造好的语言本体或者辞典对页面的正文进行分词，除去停用词，留下关键词，并按照关键词在文章中出现的位置和频率，对关键词加权。由于关键词集合主要通过非形式化语言进行描述，具有很大的不确定性和模糊性。在不同的时空、领域、语境中，同一关键词也可能会具有不同的语义内涵。因此，必须利用词的语义和语用信息，确定词在文本中所表达的概念，即是识别页面中的主题概念。这里的概念是指对知识内容的描述项，而不是单指某个相关的名词。概念识别的基本过程是：对每个关键词，首先在本体中查找相关的描述项，如果只有一个描述项与之对应，那么确定该描述项为该关键词的概念；如果在本体中有多个描述项与该词相对应，那么记录该词的多个描述项，再根据上下文来确定该关键词的概念。

第二步：计算页面概念特征向量和本体相关主题特征向量之间的相似度。目前相关性分析应用较多且效果较好的是基于向量空间模型的主题匹配算法。这里采用一种基于本体的向量距离来计算文本与主题的相似度。实际上，经过页面分析后待处理的文本就变成了一个概念的序列（U_1，U_2，…，U_n），对于每一个 U_i 都对应着一个权值 w_i，因此每个页面都构成一个概念特征向量 $U = (U_1, w_1, U_2, w_2, …, U_n, w_n)$。而本体中的主题描述也是一组概念特征向量 $O = (O_1, w_1, O_2, w_2, …, O_n, w_n)$，因此可以通过计算这两个向量之间的夹角来判定页面内容的主题相关性，夹角越小，相关度 $Sim(O, U)$ 越大。[②]

第三步：比较相似度和初始阈值，判断页面是否主题相关。将 $Sim(O, U)$ 值和预设阈值 T 进行比较，如果 $Sim(O, U)$ 大于等于 T，则页面与主题相关，存储页面；否则不相关，丢弃该页面。返回第一步，进行下一页面相关度判断。

---

① 吴金红、张玉峰、王翠波：《面向主题的网络竞争情报采集系统》，《现代图书情报技术》2006 年第 12 期。

② 杨宝森、来玲：《面向学科的网络信息挖掘系统研究》，《情报理论与实践》2006 年第 2 期。

第四步：存储页面。从评价结果大于预设阈值页面中，分析提取出URL、摘要、标题、元信息，并将这些信息以及评价的结果一起存入 URL 数据库中，以便系统及时更新 URL 数据库，作为后续采集过程的种子地址。

第二节 企业技术竞争情报源的整合角度

为了高效综合利用分布、异构的信息源，且有利于多层次、多角度的挖掘分析，需要对采集信息源进行科学的整合。集成不是对数据的简单汇集，而是在一定指导思想下，将异构、异质、异类信息从内容、逻辑或物理角度进行有机集成，构建一个全新的信息空间，便于实现多维挖掘。

一 不同渠道信息的整合

从社会交流渠道看，电子信息网络和人际情报网络是当今社会信息交流的两类基本方式，所形成的信息源都是重要的技术竞争情报源。

（1）基于电子信息网络的信息源。它泛指数字化信息资源。包含结构化信息与非结构化信息、静态信息与动态信息等。

（2）基于人际情报网络的信息源。指以数字化形式所表征的人际交往信息。

在技术竞争情报采集中，原始信息可能来自数据库、网页、电子邮件、电视等渠道；也可能来自企业的人际情报网络。这些不同渠道的信息有机集成往往能带来意想不到的结果，比如将来自专利数据库中与企业未来发展有关的核心技术信息（包含专利权人姓名）和企业员工的人际网络关系信息集成，通过挖掘分析，有可能发现企业员工与专利权人之间存在关联的情报。

二 异构信息的整合

数据结构反映信息内容的相互关联。一般而言，外部技术竞争情报源主要可以分为结构化数据源与非结构化数据源两类。

（一）结构化数据源

企业外部结构化信息源主要是指网络数据库资源，它们是经过初加工的结构化信息，如专利数据库、研发数据库等，这些专题数据库具有高度的商业价值。这些结构化数据不仅易于收集，而且易于利用知识发现技术进行深层次的分析，是技术竞争情报采集中最可靠的来源。

（二）非结构化数据源

企业外部非结构化数据源主要指行业组织、竞争对手、社会环境等产生的文本信息、消息以及 Web 网页信息等。此外，还应包括企业内部非结构化数据源。企业内部非结构化数据源是指在企业技术经营管理过程中产生和使用的大量非结构化信息，如各类合同、项目计划书、产品说明书、调查报告等，它们也是外部技术竞争情报挖掘中不可忽视的重要信息来源，可以与外部数据源进行无缝集成。

由于采集信息源的分布性与同一技术主题相关的信息通常来自不同的应用系统，需要有机集成。比如，为提高产品供应链竞争优势，海尔集团曾专门采集与供应商有关的信息，包括供应商概况、供应商供货历史情况、供应商生产设备照片、供应商质量重点控制工序等众多类别的信息。[①] 这些信息散布在不同信息系统中，如供应商网站、企业供应链管理系统、供应商产品生产管理系统等，有的是非结构化的网页文本信息和图像信息，有的是结构化的数据库信息，需要利用信息抽取等技术，将不同结构的信息集成到统一的数据平台中。

三　不同属性信息的整合

从信息存在状态看，信息可分为静态和动态两种类型。

（一）静态信息资源

静态信息资源是指文档、信件、多媒体资料、静态网页和历史数据库等构成的资源集合。静态信息资源所表现出来的特征是在一定时期内其数量和内容都不会发生变化，易于被自动化搜索引擎工具所采集。

（二）动态信息资源

动态信息资源的特征主要表现在资源集合中信息的数量和内容随时间而改变。动态信息资源包含如下种类的信息：

（1）动态页面，指利用 CGI、JSP、ASP、JavaScript 以及 SQL 等语言在用户请求时调用 Web 数据库服务器后动态生成的网页内容，如通过对在线数据库提交表单查询产生的结果页面，难以被传统的搜索引擎工具所采集。

---

① 海尔：《2006 版供应商调查表》，http：//www. ihaier. com/newsDetail. asp？id＝515，2006年12月5日。

（2）实时数据，针对企业需要及时了解供求、财经、竞争对手动态以及市场走向等信息的强烈需求，许多网站提供动态更新的实时数据服务，如商务部网站实时提供有关国内外市场商品价格行情与国内外市场商品报价信息，由国家发改委国际合作中心指导，中国互联网新闻中心主办的"中国供应商"网站实时提供最新供应信息和求购信息。

（3）交互式信息，指利用 Wiki、Blog 等社会性软件平台传递的动态信息，侧重于展现人的思想、经验和成果，具有快速反馈、及时互动、知识量大等特性。随着动态信息发布技术的发展，动态信息资源大规模增长，构成一个具有连贯性和实时性的大型知识库。企业的技术竞争情报工作应重视采集这些具有潜在价值的动态信息资源，为企业研究技术发展趋势和客户行为，发现新的产品构思和用户群、探索符合时代特征的技术营利模式而发挥应有的作用。

动态信息由于能够连贯反映客观事物性质和运动状态，采集过程需要在系统已有的历史数据、方法库、知识库中找到与新采集信息关系密切的内容，在静态信息与动态信息之间建立起具有一定历史继承关系的关联集成，能够连贯反映客观事物的性质和运动状态，有利于挖掘事物发展的规律并预测其趋势。①

第三节　企业技术竞争情报源的整合层次

随着自然语言处理、数据挖掘、人工智能等技术的广泛应用，信息资源的集成处理也逐渐从信息层次深入知识层次。

一　基于信息层次的整合

基于信息层次的整合主要是从数据和信息角度进行集成，其目的就是解决分布于不同系统中的信息在结构上的不一致性。它虽然可以将异构信息源中的信息实体合并一起，形成一个整体，解决信息源之间语法上的异构性，但是，无法反映信息实体内部所客观存在着的概念和语义上的联系。

---

① 王红霞、苏新宁：《电子政务动态信息采集模型的研究》，《中国图书馆学报》2006 年第 3 期。

二 基于知识层次的整合

基于知识层次的整合属于深层次的集成，主要是从语义的角度揭示客观存在于不同信息源中信息实体之间的关系。它以知识组织方法为指导，以信息整合为基础，以知识组织体系为支撑，通过采用本体、主题图等知识组织技术，揭示异构信息源中信息实体之间的逻辑关联，以知识网络概念体系进行集成。① 基于知识层次的集成解决了信息源语法和语义上的异构性，集成后的信息源更有利于进一步的挖掘分析。

第四节 企业技术竞争情报源的整合模式与方案

从整体看，信息源的集成主要有物理集成和逻辑集成两类实现模式。这两类模式又拥有各自不同的集成实现方案。

一 物理集成模式

所谓物理集成模式，是指将符合技术竞争情报需求主题的各信息源中的信息抽取出来并按照统一数据格式存储在同一个数据平台，如图 5 – 2 所示。

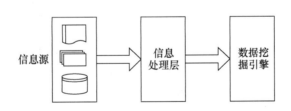

图 5 – 2 物理集成模式

物理集成模式可采用如下集成方案②：

（一）数据仓库方案

这种方案主要将采集到的与情报主题有关的海量信息经初步的数据清理操作后，以统一的数据模式进行统一存储。虽然数据仓库方式主要立足

---

① 马文峰、杜小勇、卢晓惠：《基于知识的资源整合》，《情报资料工作》2007 年第 1 期。

② 张玉峰、部先永、晏创业：《动态竞争情报及其采集基础》，《中国图书馆学报》2006 年第 6 期。

于关系型数据库的集成，但已逐步强化对非结构化数据的管理。一般而言，在面向知识发现的技术竞争情报信息源的集成中，数据仓库集成方案的优势主要体现在对大数据量处理的稳定性、高效性，以及对于企业内部全局业务数据集成的强力度性。但是，它主要是从历史的角度存储有关事务汇总信息，并且不易及时更新，难以快速集成动态信息。通过建立数据仓库来析取竞争情报在全球有众多的用户，也有不少的经验值得吸取，因此通常是大企业开展竞争情报工作的主要选择。但对于普通的企业用户而言，数据仓库的高成本投入，使其应用范围受到一定程度的限制。

（二）数据迁移方案

这种方案是数据仓库的一种替代性方案，它将分布在各种数据源中的数据精华部分萃取出来，并将其迁移到统一的数据平台。数据迁移方案注重集成的效率，在集成前，要将那些关系太复杂、质量太差的信息剔除，只将应用率较高的数据进行统一存储。

二 逻辑集成模式

不可否认，像数据仓库这样将所有的数据完全归集到同一个数据平台中，形成一个可以直接用于分析、决策的数据集合，更符合人们对数据集成的理解，但当这种物理集成模式受到限制时，逻辑集成就是一种更好的选择。其实，数据挖掘关心的只是被挖掘对象在逻辑上的整体性和相关性，而并不关心数据所处的物理位置。因此可以通过一个逻辑处理层，将用于提炼技术竞争情报的所有原始信息按逻辑关联集中在一起。这种逻辑集成可以直接支持知识发现，当需要数据时，可通过逻辑处理层从不同信息源中获取数据，形成临时数据集合，专门用于支持特定的挖掘模型。逻辑集成模式如图 5 - 3 所示。

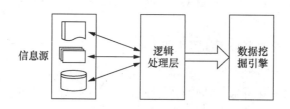

图 5 - 3　逻辑集成模式

逻辑集成模式主要依靠逻辑处理层为信息源提供全局的统一数据视图，使挖掘引擎可以不受数据格式、数据位置和访问接口差异的限制，在实现过程中有多种集成方案可供选择。

（一）基于链接索引的简易集成方案

这种处理思想以链接索引方式组织相关主题的信息：通过在逻辑处理层中设置搜索机制，以数据挖掘引擎需求为主题，对企业内外部信息源进行收集，并将搜索结果以链接形式集中呈现。这种集成只是把具有同一主题的网页或文档数据的链接简单地放在一个集合中，集成度比较低。为了提高搜索结果的主题相关性，在检索过程中可以加强对 Web 信息源中 Web 页面链接的分析。由于 Web 页面链接表现出很强的主题特征，通过挖掘这些链接信息，可以获得权威网页之间的关联，获取有关竞争对手、竞争环境等的最相关的链接。

（二）数据联邦方案[①]

数据联邦方案中，其逻辑处理层是一个提供访问、分析各种分布、异构数据功能的平台，这个平台通过整合的 SQL 界面作为统一访问口径，并在平台的底层设置高速缓存完成相应的映射和转换工作，从而将数据格式、位置、接入协议及功能之间存在差异的各种数据库信息源以隐性的方式集成在一起，通过整合的 SQL 界面对查询需求进行分解，让它们分别作用于不同来源的数据。

（三）基于本体的语义集成方案[②]

这种集成方案通过向非结构和结构化信息源添加机器能自动理解的结构和语义标记信息来表达对象的内部逻辑结构和含义，并在此基础上建立统一语义视图，从而将多个异构信息源中的数据整合到一个语义统一的体系中。在实现过程中，逻辑处理层通过采用本体、外覆包（Wrapper）、调节器（Mediator）等技术，先分别将各个信息源中的数据转换为通用的数据模型，如通过使用 HTML Wrapper、关系数据库 Wrapper 将 HTML 文档和关系数据库文档转换为基于 RDF 的模型格式，然后建立各个数据模型和参考本体之间的映射关系。这种集成方式实质上是根据 RDF 声明，在参考本体中注册相关内容的来源，使参考本体成为一个知识内容的集成文件，并且可以通过采用基于本体的元数据发现和漫游技术，探测相关的

[①] 张玉峰、部先永、晏创业：《动态竞争情报及其采集基础》，《中国图书馆学报》2006 年第 6 期。

[②] 张玉峰、艾丹祥、金燕：《基于 Semantic Web 的个性化网络导航机制》，《情报学报》2005 年第 4 期。

RDF 声明，自动地添加新的信息资源。

上述各种集成方案的处理能力存在强弱之分，并且直接影响挖掘引擎的功能：从挖掘深度与质量看，基于知识层次的集成模式要优于信息层次的集成模式；从挖掘效率看，物理集成模式下的挖掘效率要高于逻辑集成模式。表 5 - 4 结合竞争情报特性和知识发现功能，主要从集成对象、集成模式、集成层次、动态信息集成能力、对挖掘引擎效率和性能的影响这几个角度比较各种集成方案的应用特性，在开展竞争情报采集的过程中，要结合企业的实际情况，选择合适的集成方案。

表 5 - 4　　　　　面向知识发现的技术竞争情报集成方案特性比较

集成方案	分析角度					
	集成对象	集成模式	集成层次	动态信息集成能力	对挖掘引擎效率的影响	对挖掘引擎性能的影响
数据仓库方案	以结构化信息源为主	物理集成	信息集成	弱	高	数据挖掘
数据迁移方案	以结构化信息源为主	物理集成	信息集成	弱	高	数据挖掘
基于链接索引的集成方案	以非结构信息源为主	逻辑集成	信息集成	较强	低	数据挖掘
数据联邦方案	以结构化信息源为主	逻辑集成	信息集成	较强	较高	数据挖掘
基于本体的语义集成方案	结构化信息源和非结构化信息源	逻辑集成	语义集成	强	较高	知识挖掘

第六章　企业技术竞争情报挖掘策略

挖掘环节可以将信息转换为对技术竞争环境的认知。前文透视了企业技术竞争情报需求，并抽象出识别技术活动行为、识别技术融合、识别技术生命周期、识别技术发展趋势、识别技术机会等典型技术战略管理业务活动作为挖掘目标。本章结合知识发现技术，探讨挖掘目标的实现策略与方法。

第一节　基于知识发现的识别技术活动行为挖掘

技术竞争环境受多主体因素推动与影响。识别相关技术主体的活动模式是识别企业技术竞争环境的基本途径，也是识别技术活动行为的着眼点。识别技术活动行为包括识别领域研究组织、识别研究规模、识别研究领域领先者、识别潜在的技术使用者等多项业务目标，其中，有些目标业务利用简单的统计方法即可实现，如通过对某一技术主题的查询获得有关作者及其机构，按其发文数量排序就可知研究领域科研人员情况，而有些目标业务则需要借助数据挖掘与知识发现中的聚类、关联规则挖掘等技术实现，如科研合作行为关联分析。

一　基于相关文献的科研合作行为关联分析

科学技术发展日趋全球化，科学合作成为科学研究的主流方式，成为发展大科学和解决全球化问题的主要途径，国内外各种科研组织和科研机构以各种方式和思路参与合作研究。而应用相关分析理论，对科研合作行为进行研究成为许多学科的热点问题。[①] 科研合作行为关联分析可通过如

---

① 王福生、杨洪勇：《〈情报学报〉作者科研合作网络及其分析》，《情报学报》2007 年第 5 期。

下步骤实现：

（1）确定目标样本。选定技术主题，检索出相关文献。

（2）基于作者、作者机构、基金项目等内容字段的特征值提取。从所检索出的文献中抽取出作者、作者机构字段。

（3）特征值入库。把经过清理后的作者、作者机构加入到数据库中，每一个文本文件对应一个特征向量。

（4）关联规则挖掘。在特征值装载入数据库后，可对这些特征数据进行数据挖掘，以发现这些特征数据之间的关联规则。关联规则挖掘通过以每个文件名作为标识号，以作者或作者机构为数据项，对这些数据项进行单维关联分析即可。

二　基于非相关文献的科研机构潜在合作行为趋势的挖掘

识别研究领域的组织构成以及潜在的科研合作趋势等技术活动是进行企业外部技术竞争情报挖掘的主要目标之一。科研合作是相关研究领域的科研人员通过确定双方共同感兴趣的研究内容后进行合作的过程，有利于充分发挥科研主体潜能，缩短研究周期，提高科研工作的效率等，而其关键在于找到科研合作与交流的方向。目前，已有学者开始引入基于非相关文献的知识发现方法来挖掘科研机构潜在合作趋势，其研究结果表明，它能较好地发现科研机构之间潜在的合作和交流活动，相关原理与实验方法如下[①]：

（一）相关原理

随着科研领域的不断细分和专业化程度的加深，表面上没有联系的文献，即不存在互引、共引或其他相关文献条件的文献，却可能存在着某种能引致新知识产生的潜在的关联关系。基于非相关文献的知识发现方法可用来揭示隐含于非相关文献中的尚未被人们认识或发觉的知识片段的逻辑联系，从而提出知识假设，挖掘科研机构潜在的合作趋势，发现科研机构之间潜在的合作和交流活动。

（二）实现模式与方法工具

基于非相关文献知识发现基本模式可概括为：首先发现过程始于一个研究人员感兴趣的开始词，在此基础上，利用一个文本挖掘子系统来发现

---

①　张晗、崔雷：《运用非相关文献知识发现方法挖掘科研机构潜在的合作方向》，《现代图书情报技术》2006 年第 4 期。

一系列与开始词具有直接关联性的词，并形成一个有序的关联词列表；其次，对每一个关联词利用同样文本挖掘子系统来确定与其直接相关的词，这些词被称为目标词；最后，目标词被聚集起来，并且基于产生该词的关联词数量进行排序，这样就为开始词提供了一个有序的可能存在关联的词汇列表。基于非相关文献的知识发现的实现需要有相关方法工具帮助在这些文献中获取和拓展新知识，如借助于 Arrowsmith 程序，分别查找两个研究机构所发表的文献，得到两个文献集，然后利用 Arrowsmith 找出两个文献集的共同词汇，并利用 Arrowsmith 中的词频过滤器选出两个文献集中词频大于一定阈值的词，把这些共同词汇看成是两个机构研究的共同点，也就是双方合作与交流潜在的基础。

第二节　基于知识发现的识别技术融合挖掘

一　识别技术融合的可能途径

技术融合的识别可以通过对科学研究领域的跟踪考察分析而实现。由于受传统学科分类影响，很多研究领域都有自身范围，这在一定程度上限制了人们的思维认知和实践能力。而通过科学出版物主题链接模式的时序跟踪、跨领域主题聚类以及时序分析等，能够识别跨学科、跨行业的交流与合作行为，及时发现新兴研究领域和技术融合的可能性。

识别技术主题群可以帮助企业认识特定技术领域的发展现状，并及时发现新兴研究领域和技术主题融合的可能性。识别技术主题群可以借助专家调查法进行，这种方式建立在对专家丰富经验的获取之上，但获取效率较低。在数字信息资源环境下，可以通过分析大量的数字化文本资源自动识别技术主题群。科技文献是技术的主要载体，科技文献主题群也表征着技术主题群。因此技术主题群可以通过分析科研机构发表的论文数据而获得，而共现分析是挖掘科技文献主题群基本状态的重要方法。

二　基于共现分析的技术融合识别

共现分析是一种内容分析方法，主要是通过对能够表达某一学科领域研究主题或研究方向的专业术语（如关键词）共同出现在一篇文献中的现象的分析，判断学科领域中主题间的关系，从而展现该学科的研究结构。[①]

共现现象广泛存在于论文的不同特征项之间，多篇论文之间共同出现的主题、共同出现的合作机构、共同出现的合作者等在论文与论文之间构筑起的学术关系是分析科研基本状态的重要方面，如通过关键词—年代共现，可以考察研究主题随年代演变的轨迹；通过期刊—作者共现，可以挖掘期刊作者的发文规律；通过作者—关键词共现，可以分析作者研究主题的差异[②]。而若以同一主题、固定时间区间的文本为分析对象，就能够获得领域知识构成、知识构成中的核心领域和边缘化领域，以及各领域之间的亲疏关系和相互作用方式方面的知识；以同一主题、具有时序性的若干个时间区间内的文本为分析对象，能够客观回顾领域中知识组成部分，或分化，或融合的发展历程，掌握知识发展的规律。[③]

主题共现分析主要原理是对一组词两两统计它们在同一篇文献中出现的次数，以此为基础对这些词进行聚类分析，从而反映出这些词之间的亲疏关系，进而分析这些词所代表的学科或主题的结构与变化。[④] 其操作方法与流程如下：

（1）数据集的采集。通过知识检索手段，从数据源中采集主题相关的文献数据。

（2）抽取文献主题词。文献主题可以直接采用作者给定的关键词，也可以从标题、摘要以及全文中自动获得主题词。主题词抽取是文本自动处理的基础性工作。常用的主题词抽取策略是基于统计的方法，其中最简单的方法是通过计算出每个词在文档中出现的频率（停用词除外），选出词频超过一定阈值的词作为主题词；其次是建立在文档集上主题词抽取方法，如借助词间互信息和 Bayesian 网络来获取该文档集中的主题词；还可以以词频统计方法为基础，利用根据词共现图形成的主题信息以及不同主

---

① 马费成、望俊成、陈金霞等：《我国数字信息资源研究的热点领域：共词分析透视》，《情报理论与实践》2007 年第 4 期。

② 杨立英：《化学领域国际主要科研机构论文"共现"现象研究》，《科学观察》2006 年第 5 期。

③ 宋爽：《共现分析在文本知识挖掘中的应用研究》，硕士学位论文，南京理工大学，2006年，第 38 页。

④ 崔雷：《专题文献高频主题词的共词聚类分析》，《情报理论与实践》1996 年第 4 期。

题间的连接特征信息自动地提取文档中的主题词。[1]

（3）主题词的统计、排序与选择。对所有抽取出来的主题词，累积统计它们的出现次数并按照次数高低排序，并根据这些关键词累积频次的变化曲线截取一定频率范围内的主题词作为领域研究相关热点的代表。

（4）共词矩阵的构建。单纯的主题词统计、排序并不能反映主题之间的关联关系，共现分析的基本思想在于揭示词之间的联系，为达到这个目标，需要先构建共词矩阵，通过统计分析软件，对挑选出来的主题词两两统计它们在同一文献出现的次数作为对应的矩阵元素值。

（5）共现分析。由于共词矩阵中矩阵元素值是两两共现频次的观察值，而两个主题词共现频次的多少直接受两个主题词各自词频大小的影响，因此要想真正揭示主题词之间的共现关系，还需引入表示主题词共现相对强度的指标，这就需要按照特定的计算公式计算主题词共现的强度，常用的表示主题词之间关联强度的统计指数有两种，即 Salton 指数和 Jaccard 指数。[2] 通过相关公式计算出来的指数，可以将原共词矩阵转换为相似指数矩阵。在得到相似指数矩阵后，需要进一步计算主题词之间的相关度或相似度，根据指数矩阵中数据特征，可以采取相应的分析方法[3]：

①因子分析法。需要先根据相关性将共词矩阵转化为斯皮尔曼相关矩阵，由此消除由共词频次差异带来的影响。在相关矩阵基础上，利用主成分法、协方差矩阵与平均正交旋转方法进行因子分析。

②系统聚类法。聚类分析中，为消除共词频次差异的影响，需要先根据相似性将共词矩阵转化为距离相异矩阵。在距离相异矩阵的基础上，采用系统聚类法。系统聚类法的原理是先将所有 n 个变量看成不同的 n 类，然后将性质最接近的两类合并为一类；再从 $n-1$ 类中找到最接近的两类加以合并，依此类推，直到所有的变量被合并为一个大类。

---

① 耿焕同、蔡庆生、于琨等：《一种基于词共现图的文档主题词自动抽取方法》，《南京大学学报》（自然科学版）2006 年第 2 期。

② 谢彩霞、梁立明、王文辉：《我国纳米科技论文关键词共现分析》，《情报杂志》2005 年第 3 期。

③ 张文彤：《Spss 11 统计分析教程》，北京希望电子出版社 2002 年版，第 171 页。

第三节 基于知识发现的识别技术 生命周期挖掘

一 通过客观指标和计算模型测度技术生命周期

技术生命周期的测度主要通过选择一定的指标对技术成熟度进行分析。根据所选择的指标和计算模型的不同，技术生命周期测度可以采用如下方法进行：

（一）基于专利考察模式的技术生命周期的测度

可采用 Altshuller、Darrell Mann 等专利考察模式测量技术成熟度。Altshuller 专利考察模式主要通过分析和统计专利，找出其中的规律，建立在专利等级、专利数量、性能和获利能力这四项指标之上。Darrell Mann 专利考察模式实际是根据技术系统进化过程中不同阶段侧重点的不同导致的专利分布的不同来识别技术系统的成熟度。利用 Altshuller 模式计算技术生命周期需要首先采集各项指标所对应的原始数据，其工作流程如下[①]：

第一步：对于某项技术，通过检索、分析及汇总与之有关的专利数据，可以获得单位时间内平均专利等级和专利数量，在平面坐标系中按时间先后顺序逐一表示，横坐标为时间，纵坐标为专利等级或专利数量，然后用平滑曲线连接各点（或合适的曲线进行拟合）就得到了专利等级和专利数量随时间变化的曲线。

第二步：通过调研可以获得技术所支持的产品的各种性能和经济指标，选择合适的性能指标作为技术的主参数，选择合适的经济指标表示技术的获利能力，可以获得性能曲线和获利能力曲线。

第三步：把得到的四条曲线与分别与 Altshuller 得到的四条标准参考曲线相比较，可以判断所研究的技术在 S 形曲线上的位置，即技术成熟度。

（二）基于文献数量表征技术生命周期

基于文献数量表征技术生命周期主要是通过对相关文献的文献数量、

---

① 蒋颖：《1995—2004 年文献计量学研究的共词分析》，《情报学报》2006 年第 4 期。

引证情况的统计挖掘得到技术生长率、技术成熟系数、技术衰老系数等指标数据，用于表征技术所处的生命周期阶段。以专利文献为例，技术生长率、技术成熟系数、技术衰老系数的统计计算方法如下[①]：

（1）技术生长率（v）。所谓技术生长率，是指某技术领域发明专利申请或授权量占过去 5 年该技术领域发明专利申请或授权总量的比率。如果连续几年技术生长率持续增大，则说明该技术处于生长阶段。

（2）技术成熟系数（α）。所谓技术成熟系数，是指某技术领域发明专利申请或授权量占该技术领域发明专利和实用新型专利申请或授权总量的比率。如果技术成熟系数逐年变小，说明该技术处于成熟期。

（3）技术衰老系数（β）。所谓技术衰老系数，是指某技术领域发明和实用新型专利申请或授权量占该技术领域发明专利、实用新型和外观设计专利申请或授权总量比率。如果 β 逐年变小，说明该技术处于衰老期。

（三）通过主题—年代共现分析推算技术生命周期

以同一主题，具有时序性的若干个时间区内的文本为分析对象，可考察研究主题随年代演变的轨迹，通过时间序列图推算技术生命周期。

二　基于主观情感挖掘识别技术生命周期

通过指标和计算模型测度技术生命周期建立在文献客观主题的统计挖掘基础之上。而"基于主题的统计"也意味着忽略了信息源中所拥有的其他类型知识，如情感知识——它们作为技术主体的主观感受的外在体现，也是重要的情报来源，对其进行开发挖掘，可洞察社会对相关技术的情感倾向性及其变化趋势，为技术成熟度度量提供定量依据。

（一）情感知识在技术竞争情报中的价值体现

企业技术竞争情报具有对技术环境的描绘与认识功能，其需求存在于技术战略管理所包含领域的业务问题中，如在企业的研发项目选择中需要了解哪些技术比较热门；在进行关键技术跟踪与预测时，需要评估技术开发前景等。从广义上看，技术竞争情报工作贯穿于企业的技术战略管理与技术创新的整个过程，不仅应着眼于企业技术研发，还应服务于技术产品化、市场化。在由技术研发类、技术产品化类、技术市场类所构成的三维一体式技术竞争情报活动中（见图 6－1），为了辅助实现识别技术活动行

---

① 陈燕、黄迎燕、方建国等编著：《专利信息采集与分析》，清华大学出版社 2006 年版，第 244—248 页。

为、识别技术发展趋势等技术战略管理目标，存在着广泛的信息保障需求，其中，专家对技术开发前景的看法、市场对技术的接受程度等情感类知识对于企业正确认识技术竞争环境发挥着重要作用。

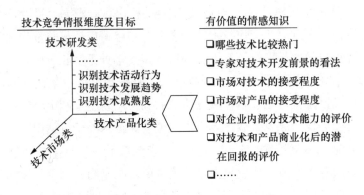

图 6 - 1　技术竞争情报工作维度、目标及对情感类知识的需求

（二）利用情感知识度量技术生命周期的基本理念

Hype Cycle 模型是用于分析技术生命周期的新兴定性化决策支持工具，而在利用 Hype Cycle 模型识别技术生命周期状态时，就需要采集社会情感类知识。Hype Cycle 模型将技术发展过程划分为技术诱发期、期望过热期、期望谷底期、技术攀升期和技术成熟期五个阶段，并通过可视化曲线形式表征技术成熟度、市场接受度和商业应用程度。[1] Hype Cycle 模型各阶段具有一些显著特性，如从技术探索阶段到期望释放顶峰期间，会提出一些具有轰动效应的概念或产生一些引发社会关注的事件。此时，期刊、网站等媒体涌现出大量正面报道的信息，而在到达期望顶峰后，由于一些失败案例的出现，技术进入低谷，大众期望逐渐消退，各种媒体也很少出现相关的文章和技术讨论，而且负面评价居多[2]，这些外部情感状态也就成为利用 Hype Cycle 模型划分技术发展阶段的重要社会特性类参考指标。随着目前文本情感挖掘理念和技术的发展，可以将情感挖掘和时间序列挖掘有机融入 Hype Cycle 模型创建中，通过对技术报告、专家评论等序列数据的挖掘，提供定量依据，提升以往完全依靠专家主观感受进行

---

① Gartner, "Understanding Hype Cycle", http：//www. gartner. com/it/products/research/methodologies/research_ hype. jsp, 2009 - 6 - 2.

② 于明亮、朱建国：《光环曲线与 XBRL 成熟度研究》，《会计之友》2009 年第 1 期。

判断的决策效果与效率。

（三）基于文本情感挖掘测度技术生命周期的具体实现

（1）文本信息资源的情感特性。文本作为人类认识事物存在方式和运动状态的语言载体，不仅客观表达事物主题，而且包含认识主体的自我情感，体现出一定的主观性。在现代语言学范畴下，"情感"一词的外延很宽泛，包括感情、情绪、观点、意向、态度、看法、评价等。文本语言情感特性是语言主观性的一种体现，即在话语中含有说话人"自我"的表现成分——说话人在说出一段话的同时表明自己对这段话的立场、态度和感情，从而在话语中留下自我的印记。[①] 情感特性作为文本语言的一种基本属性，广泛存在于新闻报刊、电子杂志等媒介中，尤其是随着社会性网络软件以及社区、论坛等开放性交流平台的普及，情感特性在个人博客、评论等文本形式的信息资源中日益突出。

（2）文本情感知识的获取。文本情感特性的产生需要经历情感化过程，即文本语言采用一定结构或形式才能体现说话主体的情感。情感化是一项非常复杂的语言艺术行为，不同语言在表现"情感性"时所采用的形式有所不同，同一门语言也可采用或明显或隐晦的多种方式加以展现[②]，具体而言，包含情感用词、构句、语法等多种途径。表6-1简要地列举了一些典型的情感化方式。

表6-1　　　　　　　文本语言情感化的典型方式

表现途径	相关描述	示例	示例备注
情感用词	采用具有明显情感倾向的词语体现情感	优秀、好、喜欢、赞同、先进、落后	如"优秀"一词具有强烈的正面情感倾向
构句	通过中性词语的组合搭配、添加语气词、重叠形容词等形式体现情感	这项新技术真能给企业带来利润吗	通过句末的语气词表达怀疑态度
语法	采用比喻、讽刺、夸张、比较等语法形式体现情感	这项新技术的采用可以让企业信息系统安全更上一层楼	通过使用"更上一层楼"这一比较性用语，体现出肯定态度

---

① 沈家煊：《汉语的主观性和汉语语法教学》，《汉语学习》2009年第1期。
② 沈家煊：《语言的"主观性"和"主观化"》，《外语教学与研究》2001年第4期。

近年来，网络信息资源中所蕴含的丰富的文本情感知识引发政府、企业以及消费者等多主体的重视，成为体察社会舆情、探测用户需求心理的重要依据。然而，面对海量的文本信息资源，如何克服人工理解方式固有的低效性，准确、快速、自动获取其中的情感知识以满足多应用需求，针对这一问题的研究形成了一个新颖而且十分重要的领域——基于文本的情感挖掘。[1] 文本情感挖掘融合语言学、信息检索、文本挖掘等多领域的理论与技术，针对不同的情感化方式，从情感词统计、语法推理等不同角度对词语、句子、篇章等不同粒度的文本对象进行情感分析，识别其中的心理态度、情感倾向及其演化趋势。

（3）基于文本情感挖掘测度技术生命周期的实现模型。前文已对情感知识的技术竞争情报价值及文本信息资源的情感特性进行系统论述，这里围绕企业技术竞争情报获取目标与环境，并结合文本情感挖掘流程，设计一体化的技术生命周期测度实现模型（见图6-2）。该模型由数据层、处理层和应用层组成，可用于从以网络技术评论为典型代表的主观性文本信息资源中识别出情感知识作为对传统的主题式情报采集的有益补充，实现情感类技术竞争情报的智能获取。

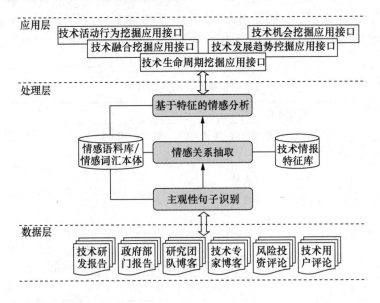

图6-2 基于文本情感挖掘的技术生命周期测度实现模型

① 姚天昉、程希文、徐飞玉等：《文本意见挖掘综述》，《中文信息学报》2008年第3期。

第一，数据层。根据技术环境中技术影响因素和参与角色，企业技术竞争情报主要来源于企业自身、大学实验室、科学研究机构、竞争企业、供应商及消费者等主体的技术活动行为，其信息表征形式主要为科技论文、研发报告、技术专利、技术评论等。由于科技论文、技术标准与专利等信息源侧重于对事物、事件、现象的客观描述，较少包含作者自身的主观性、情感化的论述，因此，这类信息源不宜作为文本情感挖掘的主要数据来源，以免干扰、降低情感挖掘处理层的效率与性能。随着网络技术的发展以及各种开放式内容生产平台和社交网络的出现，信息交流理念与模式发生了很大变化，相较于传统信息环境，用户能够并有意愿积极参与信息的非正式生产与自由化沟通中，这也使得网络环境中不仅包括大量灰色的、主观性较强的技术研发报告，还拥有参与者之间的交流沟通所表达出来的情感型知识，这些知识广泛蕴含于技术研究团队博客、技术专家博客、技术风险投资评论、技术用户评论等动态信息源中。

第二，处理层。目前的文本情感挖掘研究侧重于分析文本的情感倾向，并根据其倾向强度不同分为不同的情感类别（如消极的/积极的、正面的/负面的），实现情感分类。但由于传统文本分类主要针对文本主题，基于词语间的相似度或文档中的词频数进行分析，通过对训练文本的训练，统计出相关类别中词语的出现频度或概率，然后根据目标文本中相关词语的频度信息判别出其类别，而情感型文本不太满足词语间相互独立等基本假设条件[1]，因此，如果直接利用已有的一些文本分类方法进行情感分类，则无法达到主题分类的效果。比较有效的解决途径是引入语言学理论与知识，针对情感用词、构句、语法等不同的情感化方式，借助于语义分析处理手段实现基于情感分类的文本情感挖掘。基于语义理解的文本情感挖掘通常需要首先构建情感语料库或利用已有的词语知识库生成情感词典，在此基础上进行主观性句子识别、情感关系抽取、基于特征的情感分析等关键处理，从具体研究对象这一特定粒度层次出发，辨别、分析文本信息资源中所蕴含的情感知识，实现文本情感分类。

关键步骤1：主观性句子识别。情感性语句一般包含说话人对事物的观点，体现出一定的主观性，如例1所示：

---

[1]　林斌：《基于语义技术的中文信息情感分析方法研究》，硕士学位论文，哈尔滨工业大学，2006年，第1页。

例1："中国大学生设计的节能车搭载了丰田（Honda）低油耗摩托车的四冲程发动机。这款通过搭载摩托车发动机的节能赛车是世界上独一无二的创意杰作。"

例1第一个句子描述客观事实，为客观句，而第二个句子包含了说话人对客观事实的肯定态度，为情感倾向较强的主观句。在对大量文本进行情感分析之前，为降低客观句对文本情感分类性能的影响，需要尽量剔除干扰信息，只保留主观性语句。目前，主观性句子识别主要建立在情感语料库基础之上，以情感词识别为主，辅之以各种词汇及文法信息，然后根据标准分类器或标注的特征进行判断。[①]

关键步骤2：情感关系抽取。情感关系抽取的主要任务是识别句子或篇章存在的评价词及与目标对象之间的关联关系，如例1所示的主观句中，评价词"独一无二"、"创意"、"杰作"等对应的评价对象为"节能赛车"。为识别出这类关联关系，一方面，需要建立领域特征库作为待评价对象的概念表征，如构建面向技术竞争情报的技术特征本体作为表达技术或子技术的状态、功能、应用、工艺、产品等相关因素的领域术语，用于识别显式主题；另一方面，可通过人工构建的情感词汇本体、利用HowNet等已有概念知识库推理生成情感词汇本体或选择合适的情感语料库并根据词语的语义关系计算判断出词语情感倾向等不同方式识别出句子或篇章的评价词及原始的情感倾向强度等。

关键步骤3：基于特征的情感分析。情感分析以情感词作为句子、文本的情感倾向识别的基础，而情感关系抽取中目标对象及其评价词关联关系的映射可以使情感分析深入到具体的对象特征这一特定粒度。基于特征的情感分析通过对抽取出的情感词进行上下文语境分析，检测程度副词、情感词汇组合等语法现象，并采用一定的公式计算出目标对象特征的上下文情感极性。具体而言，基于特征的情感分析在计算情感倾向性时可采用基于情感词组的分类技术实现（否定语句等需进行特殊处理），主要包含三个环节[②]：首先利用词性标注方法，提取特征项句子中包含的形容词或副词词组；其次使用逐点互信息计算方法与公式估计所抽取词组的语义倾向性；最后基于特征项，计算所有提取词组的平均语义倾向性值。

---

① 周立柱、贺宇凯、王建勇：《情感分析研究综述》，《计算机应用》2008年第11期。

② 王辉、王晖昱、左万利：《观点挖掘综述》，《计算机应用研究》2009年第1期。

第三，应用层。采集模型中的应用层主要提供挖掘接口，实现用户与系统的交互，用户可以根据实际任务需要自主调整、维护情感语料库、技术情报特征库，并通过一定的软件环境指导文本情感挖掘过程以及查看挖掘结果。在技术生命周期挖掘应用接口中，用户可以为特定技术领域选择或自行构建技术情报特征库作为情感挖掘分析的目标对象，并同时指定相关的情感语料库或情感词汇本体。还可利用应用层接口导入时间序列挖掘功能，经过主观性句子识别、情感关系抽取、基于特征的情感分析等环节的处理操作，实现对技术报告、专家评论等序列数据的挖掘，洞察社会对相关技术的情感倾向性及其变化趋势。

第四节　基于知识发现的识别技术发展趋势挖掘

技术发展预测方法很多，既包括以认识论与思维科学为基础的定性分析方法，也包括以数量统计、机器学习为处理手段的定量分析方法，还拥有将定性和定量分析相结合的拟定量方法，如表 6 – 2 所示。

表 6 – 2　　　　　　　　　技术发展预测分析方法

定性分析方法	拟定量分析方法	定量分析方法
专家预测法	交叉影响矩阵法	趋势外推法
类比推理预测法	技术关联分析法	时间序列预测法
情景描述法	先导指标预测法	神经网络预测法
……	……	……
	定性————→定量	

表 6 – 2 总结了常用的技术发展预测方法。这里重点介绍定量与定性相结合、信息计量与技术图表分析相结合的技术关联分析法。基于技术关联分析预测技术发展趋势成立的前提是：如果一种新技术的发展模式与现有技术发展模式类似，那么就可以通过获取现有技术发展模式方面的数据，并经过相关分析预测新技术的发展模式。技术关联分析常利用相关矩阵和关联表形式进行操作处理。技术关联分析通过识别两种相关要素，并计算其关联度，评价分析不同技术之间或技术与其发展目标之间的相互关

系，具有如下作用[1]：（1）可用于分析某一项技术开发对其他技术、产品开发的影响；（2）促进技术转移的研究；（3）发掘和评价支持多种产品的共性关键技术、揭示共性关键技术对产品的支持作用；（4）优先发展领域排序、揭示技术领域之间的相互关系。

日本作为技术预测与预见活动最频繁的国家，早在 20 世纪 60 年代后期，就引入技术关联表手段对电子技术进行分析，通过制作电子技术关联表，以现有技术现状为主体，查看技术相互之间的关系，并进一步预测电子工业将来的发展趋势。以电视机和收音机来说，电视机由电子束管显示各种图像，同时发出声响；收音机看不到图像，但能发出声音。二者都是接受了电波才发生作用，可知它们中间有着很大关联性。从另一个角度看，既然电视机具有声音和图像两方面技术，而收音机只有声音，因此拥有电视机技术的企业能够制作收音机；而只掌握收音机技术的企业，制作电视机就一定有相当困难，那么是否能想办法把这一点定量化呢？在电视技术中，有放大音量、放大图像信号以及同步技术，更有变换图像等一连串技术；在收音机方面只有检波并把它放大扩音等技术。但从它们相互关系来考虑，不管是电视机还是收音机，都是许多技术的总和，只需在这样的总和之间发现有何种关联。而技术关联表就是这样一种辅助分析技术之间相关性的工具，其形式如表 6 - 3 所示[2]。表中左方纵行的 E_1、E_2 等表示电子仪器的名称，假设对于 E_j 这样一种电子仪器，如何识别它所包含的技术呢？上方横栏里的 T_1、T_2 等表示各种技术，并用符号"O"表示部件与技术之间的关联，这样就可以看出"O"符号之间的关系。

表 6 - 3   **技术关联关系**

	T_1	T_2	……	T_i	……	T_m
E_1		O		O		O
E_2	O					O
……						
E_j		O		O		
……						
E_n	O			O		O

---

[1] 黄宁燕：《技术预测方法及各国技术预测比较》，载中国科学技术信息研究所《技术发展预测与评论》，北京理工大学出版社 2003 年版，第 3 页。

[2] 上海市未来研究会：《企业发展战略用——技术预测及其实例》，1984 年，第 293 页。

这种技术关联表以人工分析的方式进行，其实质只完成了"要完成某种技术任务，需要怎样的技术"，就是只分析出了技术的结构和加成性，从技术的加成性这一观点来看，就是怎样掌握和把技术加以分类的问题。而在数据挖掘环境中，技术关联分析可通过技术元素所涉及的技术关键词的计算获得技术元素之间的关联度，如通过对摘要进行分词、共生数量计算、共生度转换后形成基于关键词关联分析可视化图，从而识别技术关联。

第五节　基于知识发现的识别技术机会挖掘

虽然技术机会客观存在，但是还需要企业主体具备一定的能力并采取一定的手段来发现、识别这些技术机会。企业对于技术机会的发现与识别具有能力差别。技术机会识别能力本质是获得和分析与技术发展相关信息的能力。

技术机会的识别与分析起先以专家评估为主要手段，但是，鉴于个体专家的知识范围、专业知识的隔阂、对技术发展理解和认识方面的差别直接影响技术管理研究人员和技术领域专家之间的有效沟通，限制了技术管理研究人员在每一个具体技术领域所能够介入的深度范围，因此，如何在技术管理领域尽可能综合考虑各种相关影响因素并充分利用各类数据信息资源，构造分析问题的方法，是多年来国内外一些学者不断探讨的课题。知识发现理论与方法可以从如下角度运用到技术机会的识别中：基于关键词形态分析进行技术机会挖掘；将文本挖掘和技术路线图分析相融合进行技术机会发现。

一　基于关键词形态分析的技术机会挖掘

形态分析法是一种以系统观念为指导，在对问题进行系统分析和综合基础上用网络方式集合各因素设想的方法。[①] 形态分析的基本观点是把主体分割成几部分，通过这几部分可以尽可能综合、详细地描述主体。形态分析识别每个部分所呈现的形态，并通过综合这些形态，检验一个系统可

---

① Byungun Yoon and Yongtae Park, "A Systematic Approach for Identifying Technology Opportunities: Keyword – based Morphology Analysis". *Technological Forecasting & Social Change*, Vol. 72, No. 2, 2005, pp. 145 – 160.

能采用的所有可能形态。[①]

形态分析方法在语言学、动物学、生物学等众多科学领域都有着广泛应用，也可用于识别技术机会。当对一项技术进行分析时，可以把这项技术看成是由结构、功能和步骤这三个因素组成的系统，而每一个因素又分割成若干相互独立的维度（Dimension）或子技术，针对每项子技术给出所有可能的维度属性类别值（Shape），如图6-3所示。

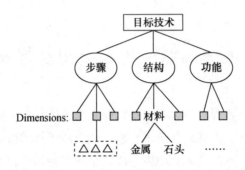

图6-3 形态分析示意

在得到技术层次图后，可以在此基础上进行排列组合（见表6-4），找出所有可能的技术形态方案，如排除已有的技术形态，剩余的技术形态即为可能的技术机会。

表6-4 技术形态的二维矩阵

维度\类别	D_1	……	D_i	……	D_n
L_1	DL_{11}		DL_{il}		D n1
……					
L_j	DL_{1j}		DL_{ij}		D nj
……					
L_m	DL_{1m}		DL_{im}		D nm

① 李辉、乔晓东：《基于科技文献的技术机会分析方法初探》，《情报杂志》2007年第5期。

形态分析方法虽然有理论上的优势，可以通过非定量方式把复杂问题建模。然而，这种依靠人工分析技术状态的方式，在实际应用中却存在一定困难，其缺点突出表现在没有量化数据的支持，缺乏科学化、系统化的方法论指导建立技术维度和维度属性类别值的技术层次模型。形态分析作为一个典型的依赖专家直观判断的定性方法，需要有明确的定量数据支持其分析过程。

基于关键词的形态分析针对该问题，利用知识发现技术来挖掘技术关键词表，以关键词向量表征文本，并通过专家辅助，建立关键词表和技术维属性类别值之间的联系，从而将研究对象结构化、规范化、定量化，有利于各种形态的统计组合分析。基于关键词形态分析方法的流程主要由原始数据采集、技术形态结构模型定义、文本关键词的抽取以及技术关键词表的构建、基于技术关键词表的文本表征和技术形态分析的执行这几个步骤构成①，如图6－4所示。

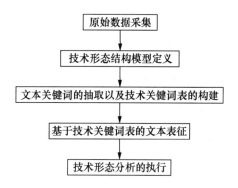

图6－4　基于关键词的技术形态分析流程

（1）原始数据采集。确定研究的技术领域及目标需求，并根据监测目标确定数据源及采集方式，获取所需数据。

（2）技术形态结构模型定义。由专家定义技术的维度以及维度属性

---

①　Byungun Yoon and Yongtae Park, "A Systematic Approach for Identifying Technology Opportunities: Keyword – based Morphology Analysis". *Technological Forecasting & Social Change*, Vol. 72, No. 2, 2005, pp. 145 – 160.

类别值。以薄膜晶体管液晶显示器件技术（TFT - LCD）为例①，可以对其每一项子技术都构建相应的维度和维度属性类别值，如"广视角"子技术可包括 Alignment、Light mode、Domain、Compensation film、Protrusion surface form、Rubbing 和 Voltage charge 七个维度，各维度可被赋予一定的属性类别值，如 Alignment 维度包含 Parallel、Vertical、Pretilted、Hybrid 和 Twisted5 项类别值。

（3）文本关键词的抽取以及技术关键词表的构建。对采集到的文档借助共现分析，并在人工扫描等辅助处理下，得到相关技术关键词，并在专家指导下，将这些关键词映射到技术属性类别值上。这里仍以上述"广视角"子技术的 Alignment 维度为例，假设抽取得到 homogenous、nematic、Parallel stripe 等关键词，则可归入 Parallel 类别。

（4）基于技术关键词表的文本表征。在完成文本关键词的抽取以及技术关键词表构建后，就可以根据关键词和技术属性类别值的对应关系将文档用固定的技术属性类别值表示，这样就将非结构化的文档集转变成结构化的数据，便于技术形态分析。

（5）技术形态分析的执行。将技术维度属性类别值进行排列组合，得到所有可能的技术形态。如以"广视角"技术为例，假设 Alignment 维度包括 5 项类别值、Light mode 维度包括 3 项类别值、Domain 维度包括 2 项类别值、Compensation film 维度包括 3 项类别值、Protrusion surface form 维度包括 4 项类别值、Rubbing 维度包括 3 项类别值、Voltage charge 维度包括 2 项类别值，则将 7 个维度的类别值进行轮排可产生 $5 \times 3 \times 2 \times 3 \times 4 \times 3 \times 2$（2160）种可能的技术形态。同时，也根据第（4）步骤所产生的文档表征数据，考察目前已有的技术形态，从所有可能的技术形态中排除这几种目前已经得到发展的技术形态，余下即为可能的技术机会。当然，还可以根据 Triz 理论中的矛盾冲突原理，进一步剔除可能性较低的技术形态，给技术机会列出优先级。

二　将文本挖掘和技术路线图分析相融合进行技术机会发现

技术路线图本身是技术战略管理的工具，是为了满足一组产品的开发需求而进行备选技术的识别、选择和开发的技术规划过程，通常用图示形

---

① Byungun Yoon and Yongtae Park, "A Systematic Approach for Identifying Technology Opportunities: Keyword - based Morphology Analysis", *Technological Forecasting & Social Change*, Vol. 72, No. 2, 2005, pp. 145 - 160.

式表达出技术、研发项目、产品、市场、时间之间的关系。技术路线图的绘制过程可以帮助人们理顺产品技术的发展脉络，清楚地理解技术的发展过程，技术路线图的最终结果形式反映了技术发展的路线，可以作为技术决策的依据。而技术路线图的绘制过程比较复杂，需要组织各利益相关者建立对未来看法的一致性。针对该问题，可以考虑将文本挖掘和技术路线图分析相融合进行技术机会发现。将文本挖掘和技术路线图的有机结合，主要体现在通过广泛挖掘隐含在正规或非正规科技信息文本中的知识和联系，并结合技术领域专家，绘制技术路线图，以帮助技术主管发现技术创新的机会。

前沿探索篇

第七章 优势内生理念驱动下的企业内部技术竞争情报挖掘

竞争优势理论既是技术竞争情报诞生的理念基础，又是技术竞争情报发展的行动指南。从有关竞争优势理论形态演进过程可以发现，人们对于竞争优势的认识正在逐渐深化，由基于外部环境的市场导向观发展成为重视内部条件的资源、能力和知识观，并逐步承认企业竞争优势不仅受外部影响，而且内生于企业，两方面共同构成竞争优势来源。[①] 本章基于现代竞争理论的演进，将企业技术竞争情报划分为基于"优势外生"理念的外部技术竞争情报和基于"优势内生"理念的内部技术竞争情报两个基本类别，并融合知识发现技术，将企业内部技术竞争情报挖掘的主要对象建立在企业业务流程的"过程型"信息源之上，探讨动态技术竞争情报的挖掘模型与方法，并介绍相关流程挖掘系统及应用。

第一节 企业内外部技术竞争情报体系分析

从竞争优势理论基础演进过程可以发现，人们对于竞争优势的认识正在逐渐深化[②]：

（1）从外部到内部进而内外结合，由基于外部环境的市场导向观发展成为重视内部条件的资源、能力和知识观，并逐步承认企业竞争优势不仅受到外部影响，而且内生于企业，两方面共同构成竞争优势的来源；

（2）在承认企业竞争优势内生于企业的前提下，探究企业竞争优势根源的理论经历了"企业资源—企业能力—企业知识"这样一个逐步深

[①] 李林华、容春琳：《现代竞争理论的演进及其对竞争情报研究的影响》，《图书情报工作》2007 年第 5 期。

[②] 同上。

化过程；

（3）竞争指导理念也逐步深化，由对抗竞争上升为合作竞争。

技术竞争情报是技术战略制定的主要输入信息，可以提供对当前发生的与技术相关变化的描述，对未来潜在变化前兆的识别，帮助组织提前识别、了解和适应技术变化，预期技术发展结果，推动和培养组织内的技术战略思想，构建技术战略计划和策略。[①]

基于现代竞争理论的演进，技术竞争情报范围应越发广泛，既包括对外部竞争环境的理解，也包括对内部技术环境的深入认识和开发利用。表7-1将企业技术竞争情报划分为企业外部技术竞争情报和企业内部技术竞争情报两个基本类别，并从理念基础、基本任务、关注对象、工作重心、工作内容等角度对两者进行了简要对比。

表7-1　　　　　企业技术竞争情报不同类别及其特性比较

类别	理念基础	基本任务	关注对象	工作重心	工作内容
企业外部技术竞争情报	优势外生	外部技术环境的认知	外部技术信息	外部技术环境跟踪、监控与预测	□ 宏观技术发展趋势的识别及影响因素的分析； □ 技术活动行为模式的识别； □ 技术机会分析与识别； □ 技术创新接受度及市场前景的识别；等等
企业内部技术竞争情报	优势内生	内部技术环境的认知	内部技术源	内部技术环境的评估与优化	□ 企业自身技术能力的识别与评价； □ 隐性技术知识的开发与共享； □ 动态技术知识的优化；等等

一　基于"优势外生"理念的外部技术竞争情报

"优势外生"理念认为，企业是均质的投入产出系统，企业自身力量是既定的，因而企业的竞争优势主要由企业外部的某种变量决定，即企业

---

① V. K. 纳雷安安：《技术战略与创新：竞争优势的源泉》，程源、高建译，电子工业出版社2002年版，第166—167页。

的绩效（竞争优势）是外生的。[①]

在"优势外生"理念下，技术竞争情报工作主要利用外部信息资源产生技术战略决策所需知识，重在对环境与竞争对手的监视与分析，理解市场与竞争行为。此时，外部技术竞争情报集中对企业外部技术环境的描述与分析，通过监视外部环境中的行业管制、法律、专利和标准的变化，跟踪技术环境即期和潜在的变化及征兆，识别技术发展模式并判断其演化，预测技术环境变化，把握技术机会，从而辅助企业进行技术开发、研发管理以及产品创新。

外部技术竞争情报的挖掘主要利用外部信息资源产生技术战略决策所需要的知识，主要包括宏观水平技术竞争情报和企业水平技术竞争情报[②]：

（1）宏观水平技术竞争情报。宏观技术竞争情报是经济发展中主要的技术趋势，该类知识会对国民经济的功能、特定产业部门和特定行业产生影响，如正在出现的生物技术对农业的影响，这种影响并没有细化到哪种技术对农业可能有用，也没有指出这种技术在未来什么时间能够产业化，因此具有综合性、不确定性和方向性等特征。宏观技术竞争情报适用于两类决策：第一，有利于政府或管理机构跟踪国民经济范畴下的技术因素，并对国家技术政策提出建议；第二，企业也可以应用宏观技术竞争情报作为制定长期战略的输入。

（2）企业水平技术竞争情报。企业水平的技术竞争情报是指有可能影响特定行业的技术发展趋势和因素。这类知识一般聚焦于特定技术，如多媒体演化可能包括哪些特定技术。虽然企业水平的技术竞争情报集中于特定技术，但是由于产业实际行动的不明朗化，使这些技术趋势可能也不精确。企业水平的技术竞争情报主要有助于企业制定中期决策战略规划。

外部技术竞争情报的挖掘一般包括跟踪、监控、预测和评估四种行为，这四种行为相互联系，共同构成外部技术环境描述的四个步骤[③]：

（1）跟踪。跟踪是对外部技术环境长时间地进行观察。跟踪可以发现技术变化的迹象，一旦意识到这种潜在变化，就可以监控其发展、预测

---

① V. K. 纳雷安安：《技术战略与创新：竞争优势的源泉》，程源、高建译，电子工业出版社2002年版，第166—167页。

② 同上。

③ 同上书，第172页。

其演化并检验其意义，从而将组织的注意力集中到特定变化上，为企业赢得宝贵的领先时间来了解变化的意义并考虑其行为选择。跟踪为监控和预测提供潜在技术变化的信号或征兆。

（2）监控。监控重点在于对技术演化趋势的描述，该行为需要收集足够的信息以便企业能识别特定的技术模式。在跟踪过程所发现的细微的、模糊的信号的指导下，监控过程更集中、更系统地采集并积累相关信息，以便详细了解、修正和判断跟踪阶段所建立起的模糊而不确定的变化意识。

（3）预测。预测是产生关于技术变化可能的范围、方向、速度以及强度的构想，它建立在对技术环境预期变化的可能演化路径设计基础上。预测包括两种类型：第一种是对相关的、可预测的趋势的构想，如预测技术性能特征遵循 S 形曲线；第二种是提供可能的发展前景，而这种发展前景是由环境中不同机构相互作用产生的，因此比技术构想更为复杂，也更不确定，通常通过展开多种想象来描述未来技术发展前景。

（4）评估。评估主要是识别和评价技术环境当前和预期变化为什么以及将会怎样影响组织当前和未来的技术战略决策。

二　基于"优势内生"理念的外部技术竞争情报

基于"优势外生"的竞争理论强调外部环境与市场力的作用，"优势内生"理念则认为，企业竞争优势的获取需要企业密切关注自身资源和能力，重视企业内部知识特别是隐性知识的开发与共享。

企业内部通常拥有许多文献资料、研发报告等信息，这些信息是企业的智慧结晶，是一笔无形的知识资产，对其进行开发利用能快速提升企业核心竞争力。少数企业，特别是国外企业，尤其重视从内部非结构化信息源中找到企业发展的内在动力。挖掘企业内部技术竞争情报可以了解企业自身的技术专长和技术储存，更好地评价企业自身的技术能力和竞争优势与劣势，从而更有针对性地收集竞争对手的优势与核心竞争力方面的情报以寻求合作基点与契机，也有利于从外部获取合适的技术使用权、收购相关技术、缔结外部研发合约，以及出售技术使用权等。

此外，企业内部还拥有大量"过程型"信息——流程知识，如企业工艺设计流程、产品生产流程等，挖掘这些动态知识也有助于企业提升其核心竞争力。目前，企业技术竞争情报挖掘格外重视从文献资料、研发报告、网页等"静态型"信息源中获取相关情报，而忽略企业内部所拥有的大量"过程型"信息，即流程知识。流程知识作为企业运行的智慧结晶，是一笔无形的知识资产，对其进行开发利用能快速提升企业的核心竞争力。后文将在分析流程知识的"技术竞争情报"特性及其获取方法的基础上，构建基于知识发现的流程挖掘模型，并通过系统实例介绍流程挖掘在技术竞争情报中的应用。

第二节 企业内部技术竞争情报挖掘的主要目标

——流程挖掘

技术通常与科学和工程联系在一起，通常被称为"硬技术"，事实上让技术得以成功应用的流程也非常重要，如新产品开发流程和创新流程等，这些通常被称为"软技术"。[①] 从企业竞争战略角度看，企业业务流程能力是企业核心竞争力的重要构成要素，而对流程知识的挖掘有助于塑造具有竞争优势的业务流程，并将其转换成一种难以模仿的战略能力。流程知识广泛蕴含于企业工艺设计、产品生产、库存管理、营销与售后等一系列的业务活动中，伴随着企业整个业务流的运转，而且随着企业流程的变化而变化，其内容的丰富性、动态性及其高价值性，决定了流程知识是极其重要的技术竞争情报来源。

一 流程知识的"高价值性"

面对全球一体化的激烈市场竞争，为提升企业竞争力，把握企业前进动力，以关注企业自身内在环境为立足点的管理理论，即以能力为基础的竞争优势理论受到广泛关注。该理论认为，企业的核心竞争力体现在企业自身所拥有的、可维持企业持续性发展的资源和知识等能力层次。1992年，斯托克等人在《哈佛商业评论》中发表了《能力的竞争：公司战略的新规则》一文，文中提出基于能力的竞争是公司应采用的新企业战略，并以折扣零售行业的凯马特和沃尔玛公司为例进行案例论证，强调企业战略的基本因素在于其业务流程，企业要竞争成功，就必须将公司的主要业

---

① 欧洲技术与创新管理研究院：《企业战略与技术创新决策：创造商业价值的战略和能力》，陈劲、方琴译，知识产权出版社 2006 年版，第 74 页。

务流程转化为战略能力。包昌火等在《竞争对手分析》一书中也提出以业务流程为主导的核心竞争力是企业核心竞争力主要体现之一。[①] 虽然众多专家学者和企业界人士对"核心竞争力"概念定义和组成要素的表述不尽相同，但基本上都将业务流程能力作为核心竞争力的一个重要构成要素，这也意味着与业务流程息息相关的流程知识具有高度的竞争情报价值。

二 流程知识的"可获得性"

企业内部所拥有的大量"过程型"信息——流程知识是企业极其重要的内部技术竞争情报来源，不仅具有高度的技术竞争情报价值，而且具备"可获得性"，即它蕴含于企业种类繁多的业务运行过程中，这也使得流程知识可以作为技术竞争情报工作中的一种有效的挖掘对象。流程化生产与管理是企业运行的基础，企业在开展经营决策、产品研发、质量管理等各种业务流程中均会产生种类繁多的流程知识，表7-2从不同的角度对其进行了归类整理，从中可以看出，企业运行过程中蕴含着丰富的流程知识，可以作为技术竞争情报工作中有效的采集对象。

表7-2　　　　　　　　　　　流程知识类别

分类角度	特征	所包含的类型	相关描述
从业务流程生命周期的角度划分[②]	将流程知识看作是业务流程生命周期内支持流程运作的知识总和	流程分析知识	包含流程构成知识、流程识别方法知识等
		流程设计知识	包含功能设计知识、数据设计知识等
		流程建模知识	包含流程建模技术和方法知识等
		流程实施知识	包含流程实施问题与对策知识等
		流程评价知识	包含流程评价方法知识等
从知识可传递性角度划分[③]	为了便于对流程知识的获取研究，将企业中流程知识划入显性或隐性的范畴	过程	过程性知识，包含于显示化的流程图中，包括整个流程的所有步骤
		规则	陈述性知识，包含于显示化的文字描述中，用于对流程中各个活动、子流程进行解释说明
		诀窍	深层意会性知识，是有效完成各个活动、子过程的窍门、技能性知识

① 包昌火、谢新洲主编：《竞争对手分析》，华夏出版社2003年版，第395页。

② 王建仁、王锦、赵斌：《基于业务流程生命周期的流程知识分类及管理》，《情报杂志》2006年第2期。

③ 郭维森、党延忠：《企业中流程知识的表示及获取方法》，《系统工程理论与实践》2003年第6期。

续表

分类角度	特征	所包含的类型	相关描述
从流程知识来源划分	区分业务流程中知识的产生方式	流程运行之前必备的知识	背景知识，被用于指导流程的设计与运行，通过从领域专家、文献资料等信息源中获取
		流程运行之后产生的知识	决策性知识，从流程实例中挖掘相关知识，如通过分析流程日志所获得的关联性知识

第三节　流程知识获取方法

流程知识存在于企业工艺生产的多个业务环节之中，伴随业务流程的整个生命周期，从不同角度来看，流程知识又可划分为不同的种类，其多样性要求能针对流程知识的整体特点研究获取方法。对于表 7 - 2 中所列举的纷繁复杂的流程知识，这里以流程运行作为分界点，可以将流程知识大致归入隐性知识和显性知识两个范畴，并派生出隐性流程知识获取和显性流程知识获取两个类别的获取方法，如图 7 - 1 所示。与主要依靠人工方式进行的隐性知识获取有所不同的是，显性流程知识获取主要建立在企业信息化环境基础上，可以通过采用数据挖掘方法从流程管理系统运行过程所产生的大量记录了流程具体操作和状态的系统运行时数据中自动化、智能化发现流程活动之间的逻辑关联，分析流程运行效率，反向构建合适的流程描述，其挖掘结果可用于指导企业流程的进一步优化。

一　隐性流程知识获取

隐性知识获取主要是指从业务主管和流程设计者以及外部专家等人员处获取有关业务流程关系、业务流程设计方法等背景性知识，用于指导流程的初始设计。隐性知识的获取需要采用一定流程知识表示方法表示抽取出来的隐性知识，如采用"多因素流程图"和"多层次文本"等方法。[1]

---

[1]　郭维森、党延忠：《企业中流程知识的表示及获取方法》，《系统工程理论与实践》2003年第 6 期。

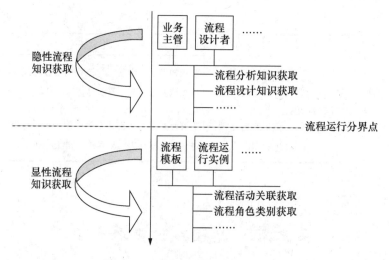

图7-1 流程知识获取的方法类别

（一）多因素流程图

多因素流程图（Multi - Factor Flow Chart，MFFC）包含流程知识中的 Main、Act、Object、Time 等部分。MFFC 大体可分为决策层、管理层和操作层三个层次。决策层 MFFC 是企业高层领导使用的，主要体现业务流程的整体框架，这一层 MFFC 中的活动概括性强，避免了烦琐细节对突出过程整体性的影响。管理层 MFFC 是企业中层管理者使用的，主要便于管理者按照 MFFC 管理、监督业务流程的进行，这一层 MFFC 中的活动比较具体，能够满足中层管理者的需求。操作层 MFFC 是基层工作人员使用的，主要用来进行实际业务流程的操作，这一层 MFFC 中的活动很具体，具有很强的可操作性。三层 MFFC 体现了企业中流程知识的层次结构，分别对应决策层、管理层和操作层三个子流程。

（二）多层次文本

多层次文本（Multi - Level Document，MLD）包含流程知识的 Rules 和 E 部分。因为 MFFC 对某些复杂情况不能详细表述，所以 MLD 除 Rules 和 E 之外，还包括对其他部分的详细描述。在 MLD 中，每一层文本对应一层 MFFC，记录了该层流程知识的规则部分（包括方式、方法、工具、约束条件、目标、评价指标等）和环境因素部分（包括科学技术、企业发展战略、组织机构变革等）。

隐性知识通常采用人工方式获取，将个人和组织的经验和技能等隐性知识转变成可用于指导流程执行的显性知识。如采用 MFFC 和 MLD 方法获取隐性流程知识时，需要由专家成立一个知识获取小组，负责组织、协调、指导业务主管高层领导、业务流程的管理人员、业务流程执行人员，采用"自顶向下"的分析方法，提取决策层、管理层和操作层的流程知识，并使用相应层次的 MFFC 及 MLD 来表示。

二　显性流程知识获取

在信息化环境中，企业所设计的流程通常采用计算机流程管理系统部署实际运行，而流程管理系统运行过程中会产生大量系统运行数据，并保存在日志文件中。如果采用一定的数据挖掘技术，就可以从这些记录了流程具体操作和状态的日志文件中发现流程活动之间的逻辑关联，并分析流程运行效率等，这种获取方法被称为"流程挖掘"。流程挖掘方法从实际流程执行数据集合中系统化地抽取相关数据，并采用一定的流程挖掘工具与算法，反向分析出合适的流程描述，其挖掘结果可用于指导企业流程的进一步优化，提升企业的业务流程能力。[①]

第四节　基于知识发现的流程挖掘模型

根据流程知识特点，这里设计了由数据层、处理层和应用层构成的基于知识发现的流程挖掘模型，并深入分析处理层中"流程挖掘引擎"的目标与功能、挖掘模型定义语言、挖掘工具与算法等，以实现从显性化的流程运行数据中动态挖掘流程任务、状态及其逻辑转移关系，并将挖掘结果作为技术战略管理、业务流程重组、企业商务智能等模块的输入参数，实现企业技术竞争情报系统与其他知识化管理系统的一体化整合，如图 7-2 所示。

一　数据层

数据层是流程挖掘的原始数据来源。信息化环境中的现代企业通常借助计算机信息系统支持企业业务流程的协调与管理，随着企业内外部业务日益繁杂化，企业工作流程的设计与运行都离不开信息系统的强有力支持。[②] 数字化的流程管理方式为企业积累了大量的流程知识，它们主要来

---

① W. M. P. van der Aalst et al. , "Workflow Mining: A Survey of Issues and Approaches". *Data & Knowledge Engineering*, No. 47, 2003, pp. 237 – 267.

② W. M. P. van der Aalst and K. M. van Hee, *Workflow Management: Models, Methods, and Systems.* Cambridge, MA: MIT Press, 2002, pp. 28 – 33.

源于如图7-2所示的信息系统。

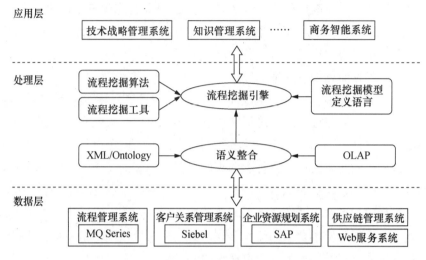

图7-2　基于知识发现的流程挖掘模型

（一）流程管理系统

流程管理系统包含丰富的流程知识，主要应用于企业业务流程的管理工作中，能分析、展示、规划、仿真企业业务流程。从本质上看，该系统主要提供初始的业务流程模型，可作为事务处理系统的一个基本组件，为上层具体业务流程应用提供接口支持。

（二）事务处理系统

在实际应用中，企业建立的大多数信息系统都属于事务处理系统范畴，如客户关系管理（Customer Relationship Management，CRM）系统、企业资源规划（Enterprise Resource Planning，ERP）系统、供应链管理（Supply Chain Management，SCM）系统等，它们面向各自独特的业务领域，在一定程度上都采用了流程管理技术，是流程运行的实际载体，能自动记录并传递业务流程变更的详细细节。事务处理系统所生成的日志文件是挖掘模型中最重要的数据来源。

二　处理层

处理层是整个挖掘模型的核心，由"语义整合"模块和"流程挖掘引擎"模块两部分组成。前者可为后者提供经预分析处理后的流程知识，简化并加速流程挖掘处理。

（一）语义整合

流程挖掘主要从事务处理系统的日志数据文件中提炼出各种任务、状态及其转移关系，挖掘过程十分复杂，需要有良好的数据对象作为支撑。由于数据层中的原始数据来源于企业内外部不同的事务处理系统，它们在结构与语义上都存在较大差别，需要对其进行统一处理，并根据需要采用联机分析处理（On-Line Analytical Processing，OLAP）等技术进行深层次预分析，为提高流程挖掘引擎的效能和健壮性打下良好基础。

（1）XML/Ontology。借助 XML 或 Ontology 技术进行语义抽取、标注与描述，可将异构日志文件转换成具有统一语法和语义格式的通用数据模型。荷兰 Eindhoven 科技大学教授 W. M. P. van der Aalst 等人采用 XML 格式转换日志文件，定义由 log_ line、case 和 process 三元素所构成的嵌套语法体系以及由 normal、schedule、start、withdraw、suspend、resume、a-bort 和 complete 八种事件类型所形成的语义体系，如表 7-3 所示，搭建了事务处理系统与流程挖掘系统之间的桥梁，并以实验证明语义整合可以减少流程挖掘执行阻力并提高其通用性。[①]

表7-3　　　　　　基于 XML DTD 的流程日志文件存储与转换

```
< ! ELEMENT Workflow_ log（source?，process+） >
< ! ELEMENT source EMPTY >
< ! ATTLIST source
  progran（staffware｜inconcert｜pnet｜IBm_ MQ｜other）#REQUIRED >
< ! ELEMENT process（case*） >
< ! ATTLIST process
  id LD #REQUIRED
  description CDATA "none" >
< ! ELEMENT case（log_ line*） >
< ! ATTLIST case
  id ID #REPUIRED
  description CDATA "none" >
< ! ELEMENT log_ line（task_ name，task_ instance?，event?，date?，time?） >
< ! ELEMENT task_ name（#PCDATA） >
< ! ELEMENT task_ instance（#PCDATA） >
< ! ELEMENT event EMPTY >
< ! ELEMENT event
  kind（normal｜schdeule｜start｜withdraw｜suspend｜
  resume｜abort｜complete）#REQUIRED >
< ! ELEMDNT date（#PCDATA） >
< ! ELEMENT time（#PCDATAZ） >
```

① W. M. P. van der Aalst et al. , "Workflow Mining: A Survey of Issues and Approaches", *Data & Knowledge Engineering*, No. 47, 2003, pp. 237 – 267.

（2）OLAP。事务处理系统中的流程日志文件一般包括任务名称、执行主体、开始时间、结束时间、前提条件、约束条件等详细描述，采用OLAP技术可以从不同角度对其进行统计分析，过滤掉那些不完整或可能引起异常现象的数据，通过多层次、多维度、多变量操作，生成具有不同粗细粒度的流程数据，增强信息价值。

（二）流程挖掘引擎

流程挖掘引擎是整个挖掘模型的动力，通过定义流程挖掘模型语言，采用合适的流程挖掘算法和流程挖掘工具，可以完成多种流程挖掘任务。

（1）目标与功能。流程知识是一种组合性知识，它以活动为基本要素、以活动之间的逻辑关系为结构组成一个动态系统，在这个动态系统中，活动这个基本要素又具有主体、动作、时间等基本属性；活动之间又存在顺序与逻辑执行关系，以及交叠、包含、连续等时间关系。[1] 在技术竞争情报工作中，面对这样一个复杂的动态系统，需要从多个角度全面分析业务流程活动以及活动之间的关联[2][3]：

①基于控制流角度的挖掘，这个角度主要关注活动之间的相互顺序，其目的是发掘出所有路径的特征。

②基于组织角度的挖掘，这个角度主要关注谁执行某些任务以及他们之间的关系，目的是将员工进行分类并且构建组织结构或者分析员工之间的关系。

③基于示例角度的挖掘，这个角度主要关注示例特征，其目的是要建立示例的各种特征之间的关系，如流程路径复杂程度与执行时间或执行人之间是否存在一定关系，并挖掘出这种关系。

④基于时间因素的挖掘，这个角度主要关注流程执行的效率，通过搜索日志数据中所包含的活动时间记录，分析活动准备时间、等待时间和处理时间之间的关系等，其目的在于大幅度减少业务流程的执行时间。

（2）模型定义语言、挖掘工具与挖掘算法。由于流程挖掘的主要目的在于从企业实际业务执行数据集合中反向提取出可理解的结构化流程描述，它不仅需要挖掘出活动及其关联，还需要进一步将一系列具有依赖关

---

① 刘娟：《流程知识表示系统的设计与实现》，硕士学位论文，大连理工大学，2004 年，第 9 页。

② 徐彦、谭培强：《流程挖掘研究》，《物流科技》2006 年第 4 期。

③ 崔南方、陈荣秋：《企业业务流程的时间模型》；《管理工程学报》2001 年 2 期。

系的业务活动进行合理的形式化定义，并以可视化方式加以表示，因此必须通过一定的模型定义语言辅助、引导流程挖掘执行过程并表征挖掘结果。在开展流程挖掘过程之前，需要提前确定所挖掘出来的结果将以何种模型表示，这不仅关系到挖掘结果的易理解性，还有利于开发适合特定模型的流程挖掘算法，以便于将日志工作流进行活动转换与结构转换，并经过分解、映射得到基于特定模型形式的描述。

流程挖掘模型定义语言主要有两类：

①面向图的模型定义语言，这类语言以 Petri 网模型语言为代表，通过库所和变迁表示活动及其活动的转移，能对并发系统的行为机理给予充分描述，表达能力最强，需要的建模时间也最长。

②面向块的模型定义语言，这类语言具有封装性，在表现形式上也更加系统化，客观上能挖掘出完整的最小模型，大多数面向块的模型语言可以转换成 Petri 网模型语言形式。

确定了流程挖掘模型语言后，需要设计相应流程挖掘算法：

①基于图模型语言的算法，α 算法采用基于 Petri 网的挖掘技术，使用启发式方法探测日志的变化，优化挖掘模型。α 算法将活动的状态与状态变迁分开，从过程日志中计算各活动的依赖/频度表，在此基础上归纳出依赖/频度图和重构过程模型，该算法的输出结果是一个工作流网（WorkFlow net，WF – net），能够利用 Petri 网的现有工具分析流程的合理性。图 7 – 3 展示了 α 算法的基本处理思想和主要步骤[①]：

第一步：日志预处理，工作流执行日志，根据实例属性不同会有不同路径，然而相同的实例会有重复的路径，所以原始日志中存在着大量的重复信息。此外，由于系统各种因素会存在异常以至于实例执行中断，产生残缺的日志，因此需要将顺序化的工作日志进行形式化处理，然后根据过滤规则进行日志过滤，除去冗余信息和噪声数据。

第二步：流程挖掘，在流程挖掘中，首先根据日志信息构造出中间流程模型，其次再将中间模型向 WF – net 转换。

第三步：使用 Petri 网分析方法对流程进行合理性验证。

---

① 马辉、张凯：《基于 Petri 网的工作流挖掘技术分析》，《计算机与现代化》2005 年第 7 期。

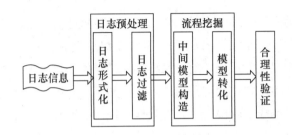

图 7 - 3   基于知识发现的流程挖掘模型

②基于块模型语言的算法，这类算法能够处理明显的顺序、并行、选择和循环等结构，具有封装性好、可读性强的优点。

主要流程挖掘支持工具有：一是基于图模型语言的工具，该类工具主要有 EMiT、Little Thumb、InWoLvE 等，其中，EMiT 和 Little Thumb 基于 Petri 网建模，可以挖掘出流程中的任意环路；二是基于块模型语言的工具，该类工具的典型代表是 Process Miner，能够挖掘出流程中的基本并行和基本环路。表 7 - 4 从结构、时间、任务等角度对相关流程挖掘工具进行了简要比较。①②

表 7 - 4　　　　　　基于 XML DTD 的流程日志文件存储与转换

	EMiT	Little Thumb	InWoLvE	Process Miner
结构	图形	图形	图形	块状
时间	是	否	否	否
基本并行	是	是	是	是
非自由选择	否	否	否	否
基本环路	是	是	是	是
任意环路	是	是	否	否
隐含任务	否	否	否	否
重复任务	否	否	是	否
噪声	否	是	是	否

① W. M. P. van der Aalst et al. , "Workflow Mining: A Survey of Issues and Approaches", *Data & Knowledge Engineering*, No. 47, 2003, pp. 237 - 267.

② 徐彦、谭培强：《流程挖掘研究》，《物流科技》2006 年第 4 期。

三　应用层

模型中设置应用层的目的，一是方便与用户交互，用户可以通过一定软件环境指导挖掘过程以及查看挖掘结果；应用层的另外一个非常重要的功能是为后续工作提供接口。处理层挖掘到的知识只有结合具体的应用领域才能发挥其竞争力优势，因此需要将其导入技术战略管理系统、知识性管理系统和商务智能系统，辅助企业完成工艺流程分析、生产活动检测等活动，提高企业核心竞争力。

第五节　基于知识发现的流程挖掘系统

目前，流程挖掘已开始成为企业全面提升核心竞争力的有力武器，不少服务商紧紧把握住企业需求，开发了一些具有流程挖掘功能的工具与系统，如 BPI 流程挖掘引擎（BPI Process Mining Engine）、ARIS 流程绩效管理器（ARIS Process Performance Manager，ARIS PPM）等。下面以 ARIS PPM 为例[①]，探讨流程挖掘在提升企业核心竞争力中的实际应用。

一　系统体系结构

ARIS PPM 是 IDS Scheer 公司的系列产品之一，但其本身并不是一个独立的系统，需要根据企业具体需求，将其与其他系统进行无缝集成。ARIS PPM 以流程挖掘技术作为基础，可用于深入分析企业核心业务流程的绩效水平，从日常事务信息源中挖掘企业的思想力和行动力。ARIS PPM 应用体系架构如图 7 - 4 所示[②]，主要包括 ARIS PPM 服务器端和 ARIS PPM 客户端（ARIS PPM Frontend），功能如下：

（一）ARIS PPM 服务器端（ARIS PPM Server）

服务器端负责执行数据采集和流程挖掘。在服务器端，通过适配器（Adapter）从源信息系统（Source Systems）中提取流程执行实例，并将其存储在流程数据仓库（Process Warehouse）。Source Systems 覆盖企业生产管理的各个方面，包括 CRM 系统、SCM 系统、财务系统、电子商务系统、流程管理系统等。

---

①　IDS Scheer，"Whitepaper：ARIS Process Performance Manager"，http：//www. palma. com. jo/Downloads/white - papers/aris_ ppm_ whitepaper_ e_ v5. pdf，2007 - 5 - 11.

②　Ibid. .

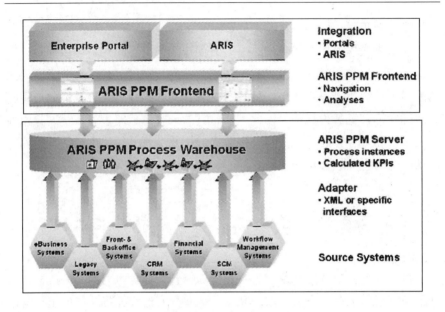

图 7 - 4   ARIS PPM 的整体框架结构

(二) ARIS PPM 客户端 （ARIS PPM Frontend）

客户端为用户提供导航和分析界面，同时还提供接口功能，以便将流程挖掘结果导入企业门户等系统中。

二   系统应用

ARIS PPM 采用反向建模技术，通过对从企业信息系统中提取出来的流程执行数据进行分析，能以可视化方式揭示流程执行状态。ARIS PPM 中的流程挖掘模块对传统数据挖掘技术进行改造与优化，可以识别流程属性之间的关联，并发现其中导致工期长、成本高、质量低等现象的因素，其目的就在于从流程数据中发现知识。ARIS PPM 的流程挖掘结果不仅应用于企业的生产质量管理、工艺流程管理中，还可以在企业的其他环节中均得到应用，从而全面优化、提高企业业务流程能力，进而提升企业的核心竞争力：

(一) 客户管理方面的应用

企业的客户关系管理系统中包含大量业务流程数据，是流程挖掘的一个重要应用领域。ARIS PPM 可以测量客户管理业务流程的绩效，发现异常案例。

（二）人事管理方面的应用

招聘管理是企业的核心业务流程之一。ARIS PPM 能够对企业的人力资源管理模块进行挖掘，让企业在高度竞争的劳动力市场环境中占据优势地位。

（三）供应链管理方面的应用

建立符合市场需求的供应链是企业供应链管理追求的目标，然而，由于企业业务流程的不明朗及其执行效率的不可测量，导致缺乏足够的信息支持供应链的运转。ARIS PPM 在自动采集大量流程执行数据的基础上，经过流程挖掘分析，可以为企业提供及时准确的情报知识支持管理层的决策。

第八章 基于实时大数据的企业技术竞争情报挖掘

面向技术创新的技术竞争情报分析作为技术竞争情报活动中实现信息到情报的转换并体现情报工作价值的关键增值环节，一直是情报学、技术战略管理等领域关注的重要课题并诞生了不少研究成果。而面对信息社会化进程下日益累积的大数据环境，传统基于经验手工和简单统计式的情报分析方法无法实现对海量开源信息中所蕴含的语义内容及其关联进行知识层面的提炼，这在很大程度上影响了技术竞争情报分析的深度与效率。融合知识处理理论与方法，实现技术竞争情报分析的智能化，是提升大数据环境下技术竞争情报服务效果的有效途径。本章则进一步结合实时大数据环境，重点分析"大数据"环境将如何影响技术竞争情报分析服务理念、模式与方法，并针对其影响探讨应对策略。

第一节 大数据战略及对技术创新的驱动价值

一 "大数据"战略背景

2010年12月，美国总统科技顾问委员会向总统和国会提交《规划数字化未来》报告，将大规模数据管理与分析提升到国家战略高度，各国政府、经济组织、学术界和企业界开始大量关注物联网、社会化媒体等信息环境下的大数据问题。为应对全球性经济恶化，目前，美国、英国、加拿大等都已将大数据产业作为重大战略以抢占国际经济科技发展制高点，构建国际竞争新优势。大数据环境作为"创新、竞争和生产力的下一个前沿"[1]，已

---

① James Manyika, Michael Chui, Brad Brown et al., "Big Data: the Next Frontier for Innovation, Competition, and Productivity", http://www.mckinsey.com/insights/mgi/research/technology_ and_ innovation/big_ data_ the_ next_ frontier_ for_ innovation, 2013 - 1 - 7.

得到国际社会政府、社团、企业等不同组织的普遍重视：美国科学技术和信息技术顾问委员会极力推进"大数据发展研究计划"，将数据收集和使用提到战略化高度，以促进美国科技和国防的创新；新加坡政府经济发展委员会资助成立德勒数据分析研究所，以引导政府和企业进行数据分析及应用；通用电气投资15亿美元在旧金山湾区建立全球数据分析中心以促进其产品创新。近年来，日本、欧盟等相关国家的政府部门、科研机构、技术咨询与技术信息提供商等都在积极开展面向大数据的技术情报分析研究以提升创新能力。

二　"大数据"对技术创新的驱动

目前，大数据已经渗透到医疗与零售、公共事务、制造等工商业的每一个角落，并成为重要的生产要素。信息资源的开放对开放式技术创新提供了更多的信息和更为便捷的技术交流渠道，开放数据运动下的大数据环境将直接改变知识产生和科技决策的方式。① 大数据的深度开发可丰富技术创新的知识资源环境，对技术创新可产生显著的直接正向影响。通过采集原始数据，经过数据清理、转换等分析处理，将不同位置、不同渠道、不同属性的数据在信息层次或语义层次有机集成，可丰富技术创新主体对内外部环境的深层认知，提升创新主体的知识利用能力与决策能力。

第二节　大数据环境对技术竞争情报挖掘的影响

随着"大数据"战略在国际社会如火如荼展开，社会组织与大众的数据开源共享意愿逐步显著。物联网、智能电网中无处不在的数据采集设施大量获取着实体与环境的实时状态数据；社会化媒体随时吸纳、呈现着用户需求与创意。这些基于信息技术的数据生成、数据采集大量记录着真实世界的产品及用户的客观性质及主观思维，为面向技术创新决策的技术竞争情报工作提供了极为丰富的大数据环境。这种大数据环境不仅为计算社会科学领域的定量分析提供了极为丰富的数据，有利于以更准确、更科

---

① 王飞跃：《知识产生方式和科技决策支撑的重大变革——面向大数据和开源信息的科技态势解析与决策服务》，《中国科学院院刊》第27卷2012年第5期。

学的方式观察、分析社会现象及其关系①，也有利于构建数据驱动的决策模型、改变决策制定的根本方式，甚至影响科学研究思维范式。② 大数据如同显微镜将人类对自然界的观察和测量水平推进到"细胞"级别一样，必将给人类社会观察人类自身行为带来历史性的进步和革命。③ 从管理学的角度应用大数据技术以支持商业分析和决策，已是欧美商学院教育的热点方向；以数据驱动为主导的战略、运作管理研究和实践指导，将成为未来重点发展的核心领域。④ 在这种背景下，技术竞争情报分析服务理念、模式与方法都必将受到新型信息环境和数据驱动式科学思维的冲击。

一　对技术竞争情报分析服务理念的影响

大数据、开放式创新、技术竞争情报三者间存在着微妙的互动影响。随着经济、技术发展的全球化趋势日益明显，同时利用内外部所有技术资源进行开放式创新已成为组织提升技术能力的有效途径。"开放式创新"通过均衡协调组织内部和外部的资源来产生创新思想，可充分挖掘、发挥组织内外互补资源的价值，提升组织创新能力。目前，开放式创新已突破信息技术行业局限，向高新技术、农业、传统的制造业等多行业发展，成为削减成本和提高研发效率的主流模式，相关研究表明，开放式创新理论形成与演进本身受到数据广泛开源的深刻影响。⑤ 另外，开放式技术创新战略管理决策离不开对组织自身、竞争对手、外部环境等有关的技术信息的系统收集和综合分析，企业实施开放式创新存在对技术竞争情报的需求⑥，大数据给其带来了机遇与挑战。而且，开放式技术创新模式蕴涵的竞争、合作思想将改变竞争环境的经济主体对象及其关系，势必对传统面

---

① Duncan J. Watts, "A Twenty – First Century Science". *Nature*, Vol. 445, No. 712, 2007, p. 489.

② Jim Gray, "eScience: A Transformed Scientific Method", in Tony Hey, Stewart Tansley and Kristin Tolle, eds., *The Fourth Paradigm: Data – Intensive Scientific Discovery*. Redmond, Washington: Microsoft Research, 2009, pp. xvii – xxxi.

③ 涂子沛：《大数据：正在到来的数据革命》，广西师范大学出版社 2012 年版，第 58 页。

④ 冯芷艳、郭迅华、曾大军等：《大数据背景下商务管理研究若干前沿课题》，《管理科学学报》第 16 卷 2013 年第 1 期。

⑤ CED Digital Connections Council of America, "Open Standards, Open Source, and Open Innovation: Harnessing the Benefits of Openness", http://www.ced.org/pdf/Open – Standards – Open – Source – and – Open – Innovation – Chinese – language – version.pdf, 2013 – 2 – 16.

⑥ 张灿影、刘德洪：《面向企业开放式创新的技术竞争情报服务模式探究》，《情报杂志》第 31 卷 2012 年第 7 期。

向封闭式创新理念的技术竞争情报活动产生巨大影响。

二　对技术竞争情报分析方法与技术的挑战

"大数据"的一个重要特点就是数据多样性，即数据来源和类型极其繁杂，既可能包括经过初加工处理的能耗数据、专利数据与标准数据，也可能包括产品说明书、调查报告与设备运行数据等。这些数据从结构上有结构化与非结构化之分，从存在状态上又有静态与动态之分。为了高效地综合利用这些分布、异构的信息源，且有利于多层次、多角度的挖掘分析，需要对多来源数据进行科学整合，采用统一定义的结构加以提取和存储。虽然数据提取与集成有一些传统的成熟技术支持，但也面临大数据环境下的数据结构更加复杂、移动数据时空特性显著等新的挑战[1]。此外，大数据环境下，技术情报源处于高度动态变化中，对实时数据进行动态分析以支持短期行动决策虽具有较高价值，但也有一定难度；大数据环境在提供海量数据的同时也带来"知识"极度稀疏的难题。

三　"大数据"环境将改变技术竞争情报分析模式

"大数据"环境形成的根基在于社会开源运动；"大数据"环境的形成有助于开放式创新模式的实施；"大数据"的开发更在于社会大众参与。相关研究表明[2]，开放式创新体系具有多主体构成特性，相对于传统以科研工作者作为单一主体的封闭式技术创新而言，开放式创新体系应吸纳更多的创新要素，领先用户、供应商、技术合作者和知识产权工作者等均是开放式创新体系中的关键主体，可提供核心知识。另外，随着信息环境不断完善，民众信息意识与信息素养逐步提升、信息识别与信息加工处理能力逐步增强，已初步具备一定的大数据开发参与意愿和能力，这有助于改变原有单独依靠企业内部技术竞争情报分析系统的情报模式，内外分散合作式情报分析与决策提供有助于提升技术竞争情报分析效率。

四　"大数据"环境下传统技术竞争情报分析模式的不足

面向技术创新的技术竞争情报分析方法，总体而言，可划分为技术管理导向类方法和信息管理导向类方法两类。

---

① 孟小峰、慈祥：《大数据管理：概念、技术与挑战》，《计算机研究与发展》第50卷2013年第1期。

② 张灿影、刘德洪：《面向企业开放式创新的技术竞争情报服务模式探究》，《情报杂志》第31卷2012年第7期。

（一）技术管理导向类分析方法

该类方法侧重于利用技术描绘、技术路线图、技术生命周期曲线等技术图表进行技术环境与机会的定性理解。技术路线图、技术预见、技术竞争情报等虽然在具体的实施和运用中存在一些差异，但在基本理念和研究方法上具有很多一致性和连贯性，技术路线图理论、方法可应用于技术竞争情报活动中。①②

（二）信息管理导向类分析方法

该类方法侧重于利用专利分析、文献计量分析、内容分析等典型情报研究方法进行技术信息的定量分析。如采用文献计量学配合特定指标的结构化分析法，对生物能源的政策、规划、重要研发项目、研究论文和专利成果进行分析，可揭示热点重点研究领域以支持生物能源发展的宏观决策③；利用关键词检索与专利引文检索相结合的方法构建相关技术主题专利数据集，并运用专利文献耦合的文献计量学方法可对技术发展中的主要竞争对手及其技术优势进行分析、确定和可视化。④

技术管理导向类方法研究明确了技术路线图等与技术竞争情报的互动机理，确立了该类方法在技术竞争情报分析方法体系中的重要地位；信息管理导向类方法研究表明，从信息资源统计视角出发可为技术战略制定提供有力支撑。但从本质上说，技术管理导向类方法作为技术战略管理的重要工具可为技术竞争情报工作提供独特的功能框架结构和可视化信息表达形式，但本身建立在对信息的收集与整合的基础上，需要强有力的数据工具作为支撑；信息管理导向类方法长于信息处理，但技术特性淡化，需要有技术管理类思维作为理念指导。因此，两者实际上需要更好地有机融合在一起并且需进一步借助于知识处理类方法提升技术情报分析的层次和效果。随着技术路线图等在技术竞争情报应用研究中的不断深入，其自动化

---

① 仪德刚、齐中英：《从技术竞争情报、技术预见到技术路线图——构建企业自主创新的内生模型》，《科技管理研究》2007 年第 3 期。

② 刘爱琴：《技术路线图绘制中的竞争情报支持研究》，《科技进步与对策》第 29 卷 2012 年第 3 期。

③ 于洁：《国际生物能源发展的情报学研究》，硕士学位论文，上海生命科学研究院，2007 年，第 42—51 页。

④ 孙涛涛、刘云：《基于专利耦合的企业技术竞争情报分析》，《科研管理》第 32 卷 2011 年第 9 期。

和智能化将呈现加速发展态势。①

目前，国内外已有一些学者致力于利用知识处理技术理解技术环境、识别技术发展趋势、挖掘技术机会。如基于文本挖掘技术构建专利网络分析工具以识别高新技术发展趋势②；结合文本挖掘分析技术机会③；利用同被引关系进行主题聚类分析以反映科学发展态势，揭示研究热点，发现潜在交叉领域。④ 但总的来说，目前这类研究仍处于起步阶段，大部分研究主要对专利、科技数据库等技术信息源的作者、单位等外部特征进行自动排序、分类、聚类，虽具有一定的智能性，但仍需深入挖掘技术信息内容中所隐含的知识逻辑关联。

第三节　大数据环境下技术竞争情报分析的应对策略

从国内外技术竞争情报工作及研究状况可发现，面向开放式创新探讨基于大数据驱动的技术竞争情报工作具有一定科学理论依据与现实价值：（1）源于技术创新管理领域的知识获取宏观策略的研究表明，知识对产业创新绩效有着显著作用，丰富的内外部知识环境可提升组织创新能力，组织的开放式技术创新依赖于多主体的驱动和内外部知识的整合，这为技术竞争情报工作提供了知识理论基础。（2）大数据环境存储、处理技术研究及数据驱动式思维的科学价值研究为技术创新支持奠定了决策理论及技术基础。但是，如何围绕开放式技术创新特定需求，构建基于大数据的竞争情报驱动机制，属于开放式创新战略管理与知识工程的交叉融合，还存在一些亟待解决的问题，可从如下角度研究应对策略。

---

① 彭靖里、杨 Jeanne、可星：《论 TRM 理论研究及其在技术竞争情报活动中的应用》，《情报理论与实践》2010 年第 6 期。

② Byungun Yoon and Yongtae Park, "A Text – mining – based Patent Network: Analytical Tool for High – technology Trend". *Journal of High Technology Management Research*, Vol. 15, No. 1, 2004, pp. 37 – 50.

③ Alan L. Porter, *Tech Mining: Exploiting New Technologies for Competitive Advantage.* New York: John Wiley & Sons, Inc., 2005, pp. 321 – 353.

④ 潘教峰、张晓林、王小梅等：《科学结构地图（2012）》，科学出版社 2013 年版，第 16—23 页。

一 加强面向大数据的动态技术竞争情报分析工作

动态竞争情报关注企业实时竞争态势，通过对分布和动态变化的广源数据进行挖掘分析，可为短期内的竞争活动管理者提供行动指导，是网络时代企业获得成功的关键因素。[①] 近年来，随着移动互联网产业不断发展以及各种新型、移动式、位置式、感知式信息生成方式的不断涌现，方便、快捷的自生成网络内容资源为企业动态技术竞争情报采集提供了类型复杂多样的超级实时数据平台。然而，传统的、可用于动态技术竞争情报分析的数据存储管理与数据挖掘提炼类技术主要适用于结构化的静态历史数据，不具备良好的可扩展性和实时分析等特点，难以有效满足海量数据带来的复杂性、实时性和全方位的分析要求。开展面向大数据环境的动态技术竞争情报工作，要结合技术竞争情报应用领域特点，合理选择相关数据处理框架以提升分析能力：

（1）结合企业技术竞争情报的实时性需求特性，选择合适的大数据处理模式。大数据处理模式主要可分为流处理模式和批处理模式[②]，两类处理模式均可用于实时数据处理，但对数据时效性的限定存在差异：流处理模式以秒为单位度量数据时效性，以实时作为最重要的衡量目标，致力于对最新数据进行直接处理；批处理模式以小时甚至天为单位度量数据时效性，对最新数据实行先采集存储再分析。不同处理模式需采用不同的大数据处理方法和平台作为支持，因此，企业在开展动态技术竞争情报工作过程中，需衡量情报业务的实时性量级，合理选择对应的大数据处理支撑架构。

（2）分析企业技术竞争情报领域特性，搭建合适的大数据实时分析处理平台。目前虽然已有不少信息技术服务提供商、互联网企业和研究机构致力于大数据的实时处理和分析研究，提出了新的大数据存储与实时分析方法和技术，并构建了具备相应功能的大数据处理工具以及完整的大数据开源云计算平台 Hadoop 等，但实时大数据分析仍处于初级发展阶段，涉及多技术的协同，尚缺少通用的大数据实时处理框架，如阿里巴巴、百

---

① 张玉峰、部先永、晏创业：《动态竞争情报及其采集基础》，《中国图书馆学报》2006 年第 6 期。

② Ravi Kumar，"Two Computational Paradigm for Big Data"，http：//kdd2012. sigkdd. org/sites/images/summerschool/Ravi – Kumar. pdf，2013 – 1 – 11.

度、中国电信等大型企业①在构建基于云计算的大数据处理业务应用系统时均根据领域特性对 Hadoop 平台进行了性能改进。因此，企业在开展动态技术竞争情报工作中，需结合竞争情报的特点和应用场景，选择、构建合适的实时大数据分析工具和处理平台。

二　可构建语义层面的多维技术竞争情报智能分析模型

构建语义层面的多维技术竞争情报智能分析模型，可从如下途径入手：

（1）明确面向开放式技术创新的大数据平台的构成及数据源的整合模式。可通过梳理企业或组织开放式创新的多主体构成，从技术本身、技术竞争环境、企业自身、客户等角度进行认知分析，提炼满足开放式技术创新的技术竞争情报工作应具备的关键能力要素，并可进一步结合关键能力要素分析大数据平台的数据源构成。

（2）构建数据源的评估与选择策略以提升数据源的可靠性、真实性，确保大数据平台的数据质量。可综合应用数据挖掘、网络计量、内容分析等先进理论与技术，对海量的、不确定的、动态的数据源进行自动高效的评估和选择，以发现可靠的、核心的、有价值的数据源。具体来说将从如下角度入手：采用数据挖掘技术对网络信息源的结构进行挖掘以了解数据源的稳定性及权威性；利用对比分析和孤立点检测等技术确定数据源的可靠性。②

（3）异构数据源的语义整合。分析数据源的结构类型、存在状态等特点，针对大数据环境的数据海量、位置分布、类型异构等特征，以知识组织体系为支撑，通过采用本体、主题图等知识组织技术，探讨异质数据的整合模式，以构建全新的信息空间，有助于实现多维数据分析与挖掘。

（4）面向大数据环境的多维技术竞争情报智能分析模型的构建。明确面向开放式技术创新的技术竞争情报工作目标，设定细化的任务层次结构，综合应用数据挖掘、本体、人工智能、知识管理等领域先进理论与方法，结合具体目标，从语义层面探索并构建涵盖技术本身、技术环境、产业自身、竞争对手与合作对象等范畴的技术竞争情报智能分析模型。模型需有机融合知识处理技术与技术战略管理领域的技术图表类思维方法，能

---

① 刘军：《Hadoop 大数据处理》，人民邮电出版社 2013 年版，第 48—51 页。

② 张玉峰、部先永、王翠波等：《基于数据挖掘的企业竞争情报智能采集策略研究（II）——采集信息源的分析、选择与集成策略》，《情报学报》第 28 卷 2009 年第 1 期。

对技术活动行为、技术融合、技术机会等进行智能分析。

三 可基于"众包"模式，协同构建技术竞争情报分析模型

网络信息环境日益完善、数据广泛开源、民众信息能力提升、社会性共享与合作参与意愿显著赋予了当代技术竞争情报工作独特的技术、人文与社会心理等时代背景特征。基于大众共创价值理念深度开发大数据能丰富知识资源环境，可对开放式创新决策支持产生直接正向影响。美国、英国、法国等在大力推进数据开源战略的过程中，一方面，促进政府部门等采用物联网、云计算等新兴信息技术广泛建立数据采集网络并存储在统一开放平台；另一方面，通过设立基金积极鼓励第三方个人与组织围绕相关主题开发数据分析应用工具与系统，以期实现借助于数据与大众智慧提升开放式创新能力。这种网络"众包"创新模式可整合企业内外部知识库资源，将对未来科技创新体系的发展产生深远的影响。[①] 网络众包虽有多种模式[②]，但不管是采用合作式还是竞争式，都可引导开放式创新中的多主体参与特定创新过程，提升创新效率。因此，无论是从技术竞争情报工作所支持的技术创新这一目标来看，还是将技术竞争情报工作视为一种服务产品，借鉴网络"众包"模式均有利于拓展传统封闭式技术竞争情报工作能力。所需考虑的是，如何从激励管理角度提升参与者对技术竞争情报理念的认同及参与的热情；如何实现技术竞争情报工作的模块化以供外部主体部分参与构建特定技术竞争情报分析模型等。

---

① 叶伟巍、朱凌：《面向创新的网络众包模式特征及实现路径研究》，《科学学研究》第30卷2012年第1期。

② Qize Le and Jitesh H. Panchal, "Modeling the Effect of Product Architecture on Mass – Collaborative Processes". *Journal of Computing and Information Science in Engineering*, Vol. 11, No. 1, 2011, pp. 23 – 46.

实证应用篇

第九章　技术竞争情报挖掘：绿色新能源产业领域实证研究

新能源产业是我国"十二五"期间重点发展的战略性新兴产业之一，及时监测并主动引导设计新能源技术发展状态，有助于更快更好地促进新能源产业发展。新能源产业发展一方面依赖技术本身的创新与突破；另一方面依赖市场接纳与培养。新能源市场促进方面，根据国家相关能源产业结构调整及发展战略部署精神，需要促进节能与新能源产业的一体化发展，具体分两步走：第一，全面深化对传统能源市场用户行为的认知，进一步提升全社会节能意识；第二，通过示范区等形式，自然引领过渡到新能源产业结构。基于此，绿色新能源产业领域实证研究基于技术竞争情报视角，分新能源技术促进、深化新能源市场认知这两条线展开。本章重点围绕新能源市场促进，探索如何构建共享共建的新能源大数据平台，从而为新能源技术深度挖掘与开发提供基础数据环境。

第一节　基于知识挖掘促进新能源技术创新

新能源产业的创新发展，一方面，需要全方位把握市场需求而进行技术适用性选择；另一方面，需要以时间为轴，准确揭示技术结构现状，主动发现潜在新兴技术并规划其发展。

一　新能源产业领域技术创新的知识驱动机理

创新本质上来源于组织对知识资源的重新整合与创造。[1] 产业创新是一个复杂的系统过程，受技术、市场、人力、资本、内部竞争、外部环境等一系列要素的制约和激励，并在这些动力要素的相互作用下不断演进。

---

[1]　Ikujiro Nonaka, "A Dynamic Theory of Organizational Knowledge Creation". *Organization Science*, Vol. 5, No. 1, 1994, pp. 14 – 37.

创新虽有技术推动、市场需求拉动、双向耦合、开放式及共享式等多种模式，但无论企业采用何种模式进行技术创新都离不开信息与知识的支持，从简单的线型创新模式到复杂的集成网络模式，每一个创新阶段都建筑在技术信息、市场信息、供应链信息等基础之上，差别只在于不同模式对信息的关注范围和利用程度有所不同。[①] 尤其是开放式创新模式，格外凸显知识交流与沟通的重要性，其本质就在于有意识地利用知识的流入与流出加速创新。[②] 产业创新资源作为产业创新活动的基础，主要包括人力资源、财力资源、物力资源和知识资源。其中，知识资源分享与整合不仅对产业创新中的企业这一主体的研发团队效能有显著正效应[③]，而且对于组织创新与绩效均有显著的直接正向影响。[④]

面向产业创新探讨知识源选择、知识整合、知识开发可为创新决策提供具备可操作性的解决方案。随着知识驱动的创新理论研究的深入，知识获取研究逐步获得了较多关注，取得了一定成果，其中大部分成果集中于技术创新管理和技术竞争情报领域：

（1）知识获取的宏观策略。基于技术创新战略管理，侧重于从宏观角度探讨知识源的构成、知识源的选择途径与知识源的共享策略这三个方面。如探讨如何在组织结构中嵌入知识共享平台以提升组织创新能力[⑤]；探讨技术能力演化过程中不同阶段情形下的外部知识源的知识类别与获取方式[⑥]；探讨外部知识源搜索策略及对创新绩效的影响。[⑦]

（2）知识获取的实现途径。基于技术竞争情报方法论，侧重于利用定性和定量方法对数据进行采集和分析以获得技术战略管理所需要的知

---

① 王翠波、张玉峰：《企业技术竞争情报透视》，《图书情报工作》第 53 卷 2009 年第 20 期。

② Henry William Chesbrough: *Open Innovation: the New Imperative for Creating and Profiting from Technology*, Watertown: Harvard Business School Press, 2005, p. 43.

③ 柯江林、孙健敏、石金涛等：《企业 R&D 团队之社会资本与团队效能关系的实证研究》，《管理世界》2009 年第 3 期。

④ 简兆权、吴隆增、黄静等：《吸收能力、知识整合对组织创新和组织绩效的影响研究》，《科研管理》第 29 卷 2009 年第 1 期。

⑤ 许庆瑞、徐静：《嵌入知识共享平台，提升组织创新能力》，《科学管理研究》第 22 卷 2004 年第 1 期。

⑥ 赵晓庆：《我国企业技术能力提高的外部知识源研究》，《科学学研究》第 22 卷 2004 年第 4 期。

⑦ Helena Garriga, Georg von Krogh and Sebastian Spaeth, "How Constraints and Knowledge Impact Open Innovation", *Strategic Management Journal*, Vol. 34, No. 9, 2013, pp. 1134 – 1144.

识。技术文献、标准、专利等作为技术载体，是不可或缺的知识来源。通过对这些重要的数据源进行实时监控分析，有助于快速预测潜在新兴技术，促进技术创新。

二　基于技术竞争情报挖掘提升绿色新能源产业知识获取能力

在信息社会化进程下日益完善的大数据生态环境给技术动态监测与分析工作带来新的机遇与挑战。基于一定的战略需求目标导向，以时间为轴，识别技术结构演化、感知最新技术动态、研判技术发展趋势，可丰富对产业内外部环境的深层认知，增强创新主体的知识利用能力，提升绿色新能源产业开放式创新决策能力。

面向新能源产业的大数据平台，不仅为产业决策活动获得了原始数据，而且通过与需求建立联系，可将数据转换为信息与知识[1]，创造决策价值。以某省风力发电公司 HS 为例，HS 公司拥有大量技术相关数据，包括专利或专利统计数据、研究和开发支出、核心科研小组成员的姓名和背景、科学家发表的科学论文等，当相关政府部门采集到这些原始数据，并加以初步整理后，发现 HS 公司有着某些核心能力（如储能技术方面），那么这些原始数据就变成了信息，此外，如果推断出 HS 公司在某种发电装置的开发上将取得突破性进展，需要提前采取行动推进产业应用，那么就是将信息进一步转换成了知识。

第二节　基于大数据共享深化
新能源市场认知

为应对化石资源的国际性紧缺以及全球环境的不断恶化，美国、欧盟、日本等经济体都已将培育新能源产业作为重大战略，以抢占国际经济科技发展制高点。提升社会节能效率、调整能源结构是国家新能源战略的核心，对缓解我国能源安全和环境压力具有积极意义。构建面向新能源产业的大数据平台，系统集成并开发来自气象、人口、地理、建筑等多部门、多类型的动态数据，能为产业发展态势的监测与预警提供实时的预见

① Cherie R. Courseault, A Text Mining Framework Linking Technical Intelligence from Publication Databases to Strategic Technology Decisions, Ph. D. dissertation, Atlanta, 2004, p. 9.

能力和决策支持能力。本部分应用工作主要结合湖北花山生态新城等区域生态建设项目考察结果，分析如何构建面向新能源产业的大数据平台，主要探讨了如下问题：①新能源产业发展面临的问题及湖北区域生态建设的战略特性；②区域生态建设和新能源产业发展政策制定中传统数据支撑方式及其问题；③花山生态新城等区域新能源产业建设项目的数据再利用需求；④新能源产业大数据平台的构建价值分析；⑤新能源产业大数据平台构建的途径及可行性；⑥面向政府决策支持的新能源产业大数据平台开发方式探讨。

一　新能源市场大数据平台的构建价值分析

（一）新能源产业发展面临的问题

为贯彻落实国务院关于加快培育和发展战略性新兴产业的决定，近年来各省积极出台政策实现了新能源产业的超预期增长，但同时也带来一些新问题有待解决：①有待加深对能源市场用户行为的认知，进一步提升全社会节能意识；②促进节能与新能源产业的一体化发展，形成新能源产业发展的内在动力；③风能、太阳能等绿色能源具有不稳定性，在再生能源存储、传输技术有待突破创新的约束下，需要构建有效识别、预测能源消耗的机制，提升能源生产、使用效率。

（二）湖北区域生态规划的战略特性及建设现状

中国拥有世界上最丰富的风力和太阳能资源，生物能与地热能总量也相当可观，推进新能源产业发展对优化中国经济结构、转变人民生活方式具有重要意义。[1] 然而，中国风能、光伏设备制造等新兴战略型产业领域却出现"产能过剩"[2]，在很大程度上说明缺乏有效的国内市场衔接，需要构建以可再生能源为动力的生产、生活模式，以扩大市场接纳能力，优化能源市场整体结构。而新能源技术、产品的研发与应用具有市场不确定性与技术本身的风险性，其产业发展和进步不能完全靠市场机制来解决，政府管理部门须承担更多的市场推广等协同创新功能。[3] 开展区域生态建

---

① Michael B. McElroy, Xi Lu and Chris P. Nielsen et al. , "Potential for Wind – Generated Electricity in China". *Science*, Vol. 325, No. 5946, 2009, pp. 1378 – 1380.

② 陈伟：《日本新能源产业发展及其与中国的比较》，《中国人口·资源与环境》第20卷2010年第6期。

③ 苏竣、张汉威：《从 R&D 到 R&3D：基于全生命周期视角的新能源技术创新分析框架及政策启示》，《中国软科学》2012年第3期。

设工程，是发挥示范与推广作用的重要形式，可促进新能源产业发展。①

湖北省围绕资源节约、环境保护、产业升级，已陆续启动花山生态新城、鄂州梧桐湖新城、咸宁梓山湖新城等多项区域生态建设项目。其中，花山生态新城以可持续发展为基本、以国际一流生态城为目标，通过采用地源热泵、光伏发电并网、光电一体化建筑、光导照明等先进绿色生态技术，最大限度节约并利用绿色能源、促进新能源产业发展。

（三）传统数据支撑方式及其问题

花山生态新城作为湖北省区域生态改革的"先行先试"重要试验项目，如何有效评估新能源生产、利用效率，为后期区域生态建设规划及新能源产业发展决策提供支持，需要借助于能源数据进行政策分析。

目前，能源经济、政策分析所使用的大部分数据直接来源于国家统计局、美国能源部能源信息署、国际能源署等政府部门或者国际组织所编制、发布的统计资料。② 这些资料虽涵盖面较广，但用于区域生态建设和新能源产业发展政策制定时主要存在如下问题：

（1）数据粒度大，难以深入分析细节问题。相关管理部门汇总能源数据时，侧重于采集用能单位不同种类能源的年度总消耗，数据较为宏观，缺少微观运行数据，面对问题，不利于进行下钻挖掘。

（2）数据时滞，决策与情景偏离，难以进行态势预测。能源数据采集，通常是本年度填报上一年度的用能情况。能源数据从产生、采集到分析之间的时间差通常达到两年，必然导致"时过境迁"，决策不适用于应用情景，更难进行发展趋势预测。

（3）数据预处理效率较低，难以保障数据质量。能源数据采集，主要依靠人工填报相关表格后进行汇总计算，其中数据报表设计、表格填报耗时较长，而相关管理部门形成最终汇总数据时，受进度限制，较为急迫，必然导致难以进行较复杂的数据可信性分析与确认。

（4）数据采样单一，难以整体提升能源管理效能。受数据采集分析难度大影响，目前，能源监测及节能评估等管理部门采集能源数据，主要针对高能耗生产环节，以促进用能单位设备和工艺的技术改造，从而实现"技

---

① 国务院发展研究中心课题组：《促进新能源技术的开发利用》，《发展研究》2009 年第 2 期。

② 廖华、魏一鸣：《能源经济与政策研究中的数据问题》，《技术经济与管理研究》2011 年第 4 期。

术节能"。而依靠管理制度,针对全社会群体,规范、培养良好的用能习惯与行为,实现"管理节能",是区域生态建设的重要保障,也是未来发展趋势。当前的数据采样,不能全方位推进节能与新能源产业的发展。

（四）大数据平台的构建意义与影响

（1）花山生态新城等区域新能源产业建设项目的数据再利用需求。作为新能源产业示范项目,花山生态新城通过应用相关感知系统,可实时采集多种类能源生产和使用数据,并在区域事务型管理中发挥了实时监控系统设备运行状态的作用。但更为重要的是,对于政府生态管理部门而言,需要进一步搭建新能源产业大数据平台,为深入了解用户能源使用行为乃至支持政府能源管理决策提供潜在的多样化服务。

（2）大数据平台建设可对新能源产业发展产生显著正向影响。美国、英国、加拿大、法国的数据开源运动大力促进了能源等相关部门的数据开放并已发挥较重要的现实作用。目前,IBM 等大型信息技术公司开始致力于美国、欧盟等电力能源系统的数字化改造,通过采集消费者能源使用信息,帮助能源企业和公共事业管理部门优化运营和管理。① 在第三次工业革命及商业模式创新背景下,新能源产业发展理念、模式与方法都必将受到新型信息环境的冲击。面向新能源产业构建大数据平台,可对产业良性发展产生显著的直接正向影响,其作用主要体现在:

第一,有利于生态公共管理部门深入了解区域能源行为并制定有效的激励政策。为促进新能源产业发展,国务院制订了《2014—2015 年节能减排低碳发展行动方案》②,强调用硬措施完成节能减排硬任务,并将任务分解到各区。为落实行动方案,相关政府部门专门成立低碳及节能监察机构,致力于深入了解区域重点用能企业能耗状态,增强其节能减排内在动力,优化能源结构,推进新能源产业发展。搭建面向新能源产业大数据平台,有利于生态公共管理部门制定有效的激励政策。

第二,可为企业、组织、家庭提供认知自身能源消费行为的途径并培养良好的能源消费习惯,提升能源利用效率。目前,国内外已有一些高新技术企业致力于提供能源在线监测解决方案。这类面向不同行业的在线监

---

① ［美］杰里米·里夫金:《第三次工业革命》,张体伟、孙豫宁译,中信出版社 2012 年版,第 54—56 页。

② 国务院办公厅:《李克强:改善环境和保护生态,提高人民生活质量》,http://www.gov.cn/guowuyuan/2014－03/23/content_ 2643964. htm, 2014 年 3 月 23 日。

测系统，可通过应用联网传感设备，实时采集企业内部采暖、锅炉、空调、制冷、照明、办公、电梯、水泵、风机、通风机等耗电设备的用电信息。将不同行业的用能实时数据进行定期录入，构建区域能源大数据平台，有利于企业对能耗、产值、利润等进行行业内的横向对比，提升企业自身节能意愿；也有利于普通民众通过与类似群体的比较，认识能源使用缺陷，改进能源消费行为。

第三，可催生基于能源大数据的第三方初创企业。Google、百度等互联网公司作为大数据集散地，主要依靠自身数据分析能力面向最终用户提供标准化最终产品和服务。而目前，将大数据集直接作为资源提供给第三方企业进行开发，是数据使用方式发展演变的新阶段。如 Factual 公司面向全球 50 多个国家精确收集 6.5 亿位置相关数据后加以完整描述，并提供实时更新，所累积数据集已成为 Yelp、Bing、三星等知名企业位置服务产品开发的基础。[1] 这种方式已构成对 Google 等传统位置服务类数据产品的潜在竞争威胁。[2] 同时，在新能源产业，国外目前已有不少初创企业致力于提供基于能源数据的节能管理与咨询服务。如初创公司 EnergyHub 通过气象数据预测能源消费趋势，从而提高能源供给设施效率；Chevron 通过海洋地震数据分析石油储量；First Fuel 所开发的挖掘软件可采集、分析建筑物内人群分布、周围气象数据等，从而精准评估、预测建筑能耗并找出节能方案。[3] 据美国《财富》杂志网站预测[4]，类似于 First Fuel 这类运用大数据促进社会能源发现、提升能源使用效率的初创企业，将引发下一轮技术热潮。结合以上两方面发展趋势，由政府主导，搭建面向新能源产业的大数据平台，并作为基础数据资源支撑孵化、培育初创型能源企业，将有力促进新能源产业发展。

---

①　Factual, "About Factual", http：//www. factual. com/about, 2014 – 9 – 30.

②　Issie Lapowsky, "The Next Big Thing You Missed：How to Add Location Data to Your App Without Relying on Google", *Wired*, Vol. 22, No. 9, 2014, p. 9.

③　关志刚：《大数据改变能源的十种方式》, http：//www. ctocio. com/industry/energy/3820. html, 2012 年 2 月 9 日。

④　Brian Dumaine, "FirstFuel：Is this startup the next Nest?" http：//fortune. com/2014/04/02/firstfuel – is – this – startup – the – next – nest/, 2014 – 4 – 2.

二 新能源市场大数据平台构建的途径及可行性

(一) 新能源产业大数据平台构建的主要途径

从大数据处理流程来看，大数据平台构建主要包括数据采集、数据存储、数据分析与展示环节[①]。围绕各环节，目前虽然已形成 SQL、NoSQL、NewSQL 三种典型技术发展路线，也具备了不少大数据处理工具，但仍缺少通用的大数据处理平台，需结合行业领域特点和应用场景进行混搭、扩展。新能源产业大数据来源广泛，可横跨气象、人口、电力、建筑等多公共事业部门；同时，新能源行业感知式设备运行时所产生的实时数据也是其大数据产生的根源。从总体上看，新能源产业大数据，具有数据结构多样、时间位置敏感等特性，要求大数据平台具有可变的数据结构和高效的挖掘分析支撑。表9－1 从大数据采集、大数据存储、大数据分析等核心环节入手，结合新能源产业特性，简要地分析了各环节可采用的技术与工具，以展示新能源产业大数据平台构建的主要途径。

表 9－1　　　　　新能源产业大数据平台构建的主要途径

数据处理主要环节	可采用的处理工具	可处理的数据种类	备注
大数据采集	智能化传感系统	温度、湿度、风力、气压等实时环境数据	实时环境数据有助于发现影响能源设备生产效率的相关因素等
	联网远程计量系统	太阳能、风能、传统电能等能源生产和消费数据	通过智能电表等可实时采集小粒度单位时间的能耗
	Datastage、Powercenter 等 ETL 工具	空间、气象、海洋、人口等公共事业部门所累积及实时更新的数据	地图、位置、气象数据等是能源发现及节能管理的基础服务数据。可通过与相关部门合作，开发特定系统接口，实时抽取天气实况及天气预报等数据

---

① 孟小峰、慈祥：《大数据管理：概念、技术与挑战》，《计算机研究与发展》第 50 卷 2013 年第 1 期。

续表

数据处理主要环节	可采用的处理工具	可处理的数据种类	备注
大数据存储	基于新能源行业应用场景进行 Hadoop 技术的扩展和封装	基于 RDBMS 应用系统抽取而来的结构化数据；传感、数码等机器设备运转时自动产生的半结构化与非结构化数据	Hadoop 底层数据存储主要采用 HDFS 文件系统及 HBase 数据库系统，适用于海量非结构、半结构化数据存储处理。因此，可选择 Hive 进行扩展，实现对结构化数据的支持。多种技术混搭进行融合存储也是未来大数据的新发展方向
大数据分析	RHadoop、HiveQL 等	Hadoop 生态系统下实时数据的流处理与批处理	新能源产业大数据的典型特征之一就是感知式设备源源不断产生数据流。如何对这些新汇入的数据流进行处理，分析用户能源使用行为、预测节能趋势、发现多活动事件的相关性等，可根据业务的实时性需求量级，采取合适的处理模式及工具

（二）搭建湖北区域新能源产业大数据平台的可行性

大数据中心建设是否具备可行性，需从服务对象、产业规划等多方面综合衡量。① 搭建面向湖北区域的新能源产业大数据平台，拥有如下优势：

（1）构建新能源产业大数据平台，具有明确的用户群体。湖北区域新能源产业大数据平台的搭建可由政府相关部门投资兴建，并首先支持政府部门产业发展决策。此外，还可进一步考虑满足新能源行业内中小企业的创新管理需求，提供有针对性的数据服务。

（2）可综合采集感知类数据和多部门运行数据，具有建立大数据平台的数据基础。作为新能源产业示范项目，花山生态新城通过应用相关数据采集装置，可实时采集多种类的能源生产和使用数据，已天然具备搭建新能源产业大数据平台的大数据基础。目前，花山生态新城包括社区住宅

① 赵刚：《县级城市有必要建大数据中心吗》，《光明日报》2013 年 9 月 7 日第 6 版。

区、学校、软件产业园区等，各区域建筑大量引入"预装式光伏建筑一体化"（Building Integrated Photovoltaic，BIPV）等系统应用方案以降低建筑能耗。如已启动实施的花城家园光电建筑示范项目，通过在社区住宅建筑屋顶和社区空地安置太阳能组件，搭建光伏停车棚及地面电站，实现光伏发电，光伏发电系统将与公共电网并联，当光伏发电系统用户有多余电力，可回送到公共电网，反之则由公共电网供应电力；同时，社区住宅全部设计安装太阳能热水系统，并采取集中供热、统一分配，以提高太阳能利用效率。在已开展的 BIPV 系统和集中式光热系统基础上，通过融合先进的传感和测量技术，构建信息传输网络，可实现整个系统所有节点的自动监控。项目实施后，可实时采集网络中所有节点的电能、热能、风能、太阳能等能耗数据。另外，伴随着政府数据开源及武汉智慧城市建设深入，至 2020 年，武汉基层政务数据统一采集需求与实现比将达到 75%[①]，基本可实现多部门数据共享。

（3）可构建在云计算之上，具备构建大数据平台的云基础设施服务。以云计算为支撑，构建云数据中心是未来发展趋势。[②] 传统企业级数据中心建设模式主要面临着如下问题：①IT 基础设施将面临扩容压力，受场地、空间制约，其基础设施的容量增长难以满足大数据增长速度需求。②高运营成本与能耗压力，新一代高密度服务器和存储设备的大量增添以及确保设备正常运行的环境保障方面，都需要持续性成本投入。③数据使用效率需提升。而云数据中心建设模式通过对计算、存储等资源进行集中化、模块化、虚拟化管理，从而可具备按需使用、优化成本、快速扩展及高可靠自动化管理等新特性。[③] 目前，湖北省相关政府部门已颁布行动计划，未来五年，将构建 8 个云数据中心并提供面向特定行业领域的云计算服务体系，以促进大数据产业发展。[④]

---

① 武汉智慧城市研究院：《武汉智慧城市建设目标》，http：//www. wrisc. cn/wrisc/type/zh-cs，2014 年 9 月 25 日。

② 邬贺铨：《大数据时代的互联网面临三个问题》，《中国信息化周报》2013 年 9 月 9 日第 5 版。

③ 邓维、刘方明、金海等：《云计算数据中心的新能源应用：研究现状与趋势》，《计算机学报》第 36 卷 2013 年第 3 期。

④ 武汉市信息产业办公室：《武汉市大数据产业发展行动计划（2014—2018 年）》，http：//www. whbii. gov. cn/xxgk/zfxxgkml/ghjh/2014/05/1915365318. html，2014 年 5 月 19 日。

三 新能源市场大数据平台的开发

（一）新能源产业建设具有独特的时代背景特征

城市区域生态建设及新能源产业发展具有独特的时代特征，这种特征主要体现在两个方面：

（1）大众生态环保意识的显著上升。大众生态环保意识正逐步觉醒，将有更多民众自愿、自发投入城市生态建设中，因此，城市生态建设管理将呈现多主体特性。相对于传统以能源、环保部门作为单一主体的封闭式管理而言，未来的生态建设管理及新能源产业发展可吸纳更多的主体，普通民众、技术开发人员、知识产权工作者均可能是这种开放式管理体系中的关键主体，可提供核心知识。

（2）大众信息处理能力等信息素养的逐步提升。随着国内信息环境不断完善，目前，民众信息意识与信息素养逐步提升、信息识别与信息加工处理能力逐步增强，已初步具备一定的数据统计分析意愿与能力。依靠社会力量，实现社会性共享管理与创新，将有助于克服原有单独依靠管理部门内部信息分析处理模式的低效率缺陷。

（二）大数据平台可采取"众包"开发方式

大数据环境下，变革传统的、封闭式决策支持模式，建立开放的、大群体决策体系结构，是提高决策能力的有效途径。[1] "大数据"环境形成根基在于社会开源运动；"大数据"的开发更在于社会大众的参与。美国、英国、法国等在大力推进数据开源战略过程中，一方面，促进政府部门等采用物联网、云计算等新兴信息技术广泛建立数据采集网络并存储在统一开放平台；另一方面，通过设立基金积极鼓励第三方个人与组织围绕相关主题开发数据分析应用工具与系统，以期实现借助于数据与大众智慧提升管理效能及开放式创新能力。[2] 如美国能源部展开的"绿色按钮"节能行动，不仅要求电力公用事业部门向客户提供能源使用详细数据，并同步启动了"Apps for Energy"挑战活动，鼓励参赛者开发 Apps 帮助客户更好地分析其能源使用情况。[3] 这种网络"众包"创新模式将传统习惯上

---

① 何军：《大数据对企业管理决策影响分析》，《科技进步与对策》第 31 卷 2014 年第 4 期。

② 王翠波、吴金红：《大数据环境下技术竞争情报分析的挑战及应对策略》，《情报杂志》第 33 卷 2014 年第 3 期。

③ Jesika Briones，"The Market Impact of Accessible Energy Data"，http：//www. marsdd. com/2012/07/20/canadian – cleantech – entrepreneurs – sizzle/，2012 – 7 – 20.

本来应分派给指定对象的工作任务，现在通过网络外包给众多的、不确定参与者，可整合组织内外部知识库资源，将对未来科技、管理创新体系的发展产生深远的影响。[①]

第三节　绿色新能源产业开放式创新的大数据平台驱动机制

新能源产业的发展，一方面需要深化对传统能源市场及用户能源行为的认知，提升新能源市场的接纳水平；另一方面需要主动发现潜在新兴技术并规划其发展，促进新能源技术创新。《绿色新能源产业开放式创新的大数据平台驱动机制》研究项目，紧密结合数据广泛开源的时代背景，围绕如何深化用户能源行为的认知、如何促进新能源市场发展和能源技术创新等议题展开理论和应用研究。

一　面向新能源产业的大数据源选择及集成

面向新能源产业的大数据源选择及集成研究，基于技术创新战略管理支持和能源市场行为识别的平行视角，依据知识管理系统开发的基本理念，应用信息构建和知识组织原理，探讨大数据源的选择与集成的途径、模式与方案。大数据源选择研究，紧密结合技术创新战略支持和能源产业市场管理活动需求，探讨其信息表征形式，并依据数据产生过程，从主动、被动、自动角度分析新能源产业的数据类别及所呈现出的分布、异构、动态特性。大数据源选择研究，进一步引入了网络计量等理论，应用网络结构分析思想，探讨了数据质量的保障途径。数据源的集成研究，针对大数据环境的数据海量、位置分布、类型异构等特征，探讨了异质、异构数据的物理及逻辑集成模式与方案。

（一）面向新能源产业的大数据源的类别

智能电网、新型绿色建筑、物联网等多领域中无处不在的数据采集设施可随时获取实时数据，能源业务过程数据、能源用户需求数据、能源环境数据、能源技术标准与专利等都可为绿色能源产业开放式创新过程中的

知识获取活动提供基础数据。总的来看，面向新能源产业的大数据平台构建过程中，需要采集技术和市场两方面的数据。

（1）面向技术创新的数据源。面向技术创新的数据源主要来自大学实验室、科学研究机构、竞争企业、供应商及消费者等主体的技术活动，其信息表征形式主要为科技论文、网络文献、研发报告、技术专利、技术标准等。

（2）面向产业市场的数据源。深化对传统能源市场的认知，是促进新能源产业发展的基础。表9－2以能源市场监测与管理活动为例，列举了部分业务活动及对应的信息需求。

表9－2　　　　能源市场监测与管理的具体活动及所对应的信息需求

业务活动	业务问题	指标内涵	所需的数据与信息
能源高效利用评估	单位产品综合能耗测度	生产某种产品平均实际消耗的各种能源数量，综合反映各行业、各企业的生产技术水平、产品质量状况和管理水平的高低，是考核企业经济效益和节能计划完成情况的主要指标	生产该产品的综合能耗、合格产品产量、工业企业单位产品能耗标准名称及限额、生产型企业单位产品综合能耗上年度值
	单位产值能耗测度	单位产值能耗是指一个国家、地区或企业生产（创造）一个计量单位的生产总值所使用的能源，是反映能源消费水平和节能降耗状况的主要指标	企业综合能源消费量（本期值/上年值）、企业工业总产值（本期值/上年值）
	规上万元工业增加值能耗测度	工业企业在报告期内以货币形式表现的工业生产活动的最终成果，是企业全部生产活动的总成果扣除了在生产过程中消耗或转移的物质产品和劳务价值后的余额，是企业生产过程中新增加的价值	企业工业总产出（本期值/上年值）、工业中间投入（本期值/上年值）、应交增值税（本期值/上年值）、综合能源消费量（本期值/上年值）
	单位建筑面积能耗	单位建筑面积上所消耗的能量，是衡量工程节能效益的重要指标	建筑物面积、综合能源消费量（本期值/上年值）
污染排放	单位生产总值二氧化碳排放	衡量单位产值气体排放的重要指标	企业综合能源消费量（本期值/上年值）、企业工业总产值（本期值/上年值）、企业二氧化碳排放量（本期值/上年值）
……	……	……	……

新能源产业大数据来源广泛，横跨气象、人口、电力、建筑等多公共事业部门；同时，新能源行业感知式设备运行时所产生的实时数据也是其大数据产生的根源。表9-3列举了部分面向新能源产业的数据源类别。

表9-3 面向产业市场的数据源类别

数据类别		数据来源	数据示例	备注
被动型	结构化	各企业、部门的运营与管理系统	人口、建筑等主管部门登记的数据；空间、气象、海洋等监测部门提供的数据	数据伴随着业务活动产生并记录在数据库中
	非结构化		政策、法规等文件数据	
主动型	非结构化	新浪微博、微信等社交网络平台	产品能耗、环境污染等评论	用户主动生产数据
		科技信息平台	科技论文、网络文献、研发报告、技术专利、技术标准	
自动型	结构化	联网远程计量系统	太阳能、风能、传统电能等能源生产和消费数据	感知式系统源源不断地自动产生数据
	非结构化	传感器设备	温度、湿度、风力、气压等实时环境数据	

（二）面向新能源产业的大数据源的特征

从上述数据源类别分析可知，面向新能源产业开放式创新的大数据平台所应采集的数据主要呈现出如下特点：

（1）量大。面向新能源产业开放式创新的大数据平台其数据涵盖产业技术及市场多维度。新能源产业决策的制定需要综合考虑技术创新、环境资源以及市场等多方面的因素，因而需要采集覆盖产业多层面的信息源。面向新能源产业开放式创新的大数据平台不仅应包括科技数据库、网络灰色文献、专利、技术论坛、企业站点多数据源的海量信息；而且，随着感知式系统的逐步应用，源源不断产生的设备运行数据等将是大数据平台的重要来源。

（2）异构。面向新能源产业开放式创新的大数据采集不仅要对企业及管理部门运营系统中的关系数据库等结构化的数据源进行汇总，还要借助文本挖掘技术对非结构化的文本信息进行抽取，以便发现不同数据属性的关联规则，并进行聚类、分类处理。通过对多媒体数据的挖掘，可以发现图像、视频等多媒体对象之间所暗含的内容、空间等特征方面的关联性，如通过采集一系列遥感图片及交管部门电动车登记数据，并利用数据挖掘技术，可以发现空气质量、交通规划与电动车拥有量等许多特征之间的关联性。而不同的应用系统在数据组织、存储格式等方面存在着巨大差异。

二　面向新能源产业的大数据挖掘模型及开发策略

面向新能源产业的大数据挖掘模型研究综合应用数据挖掘、本体、人工智能、知识管理等领域先进理论与方法，从语义层面构建涵盖技术创新战略管理典型范畴的知识生成模型：基于知识发现的技术活动行为挖掘、基于知识发现的技术融合挖掘、基于知识发现的技术生命周期挖掘、基于知识发现的技术生命周期挖掘。其中，技术活动行为挖掘，探讨了如何基于相关文献进行科研合作行为关联分析，以及如何基于非相关文献进行科研机构潜在合作行为趋势的挖掘；基于知识发现的技术融合挖掘，探讨了如何基于共现分析进行技术融合识别；基于知识发现的技术生命周期挖掘，引入主观情感挖掘思想，探讨基于文本情感挖掘测度技术生命周期的实现模型；基于知识发现的技术生命周期挖掘，探讨了如何基于关键词形态分析识别技术机会。面向新能源产业的大数据开发策略研究，结合大数据的多维及动态特性，探讨了知识生成模型的"众包"开发策略，并基于对节能环保、新兴信息技术等新能源产业带中数家国内外企业的多层次实践调查，探讨动态、复杂技术环境下国内外企业（包括能源企业）技术预测潜在需求，揭示出如何选择、设计合适的实时大数据处理模式并构建能有效进行技术全景监测并能快速响应动态变化的预测模型与运行机制是深化技术战略支持亟待解决的难题，并深入分析开展潜在新兴技术敏捷预测的实现策略与途径。

围绕新能源产业建设，构建共享共建的大数据开放平台，其研究一方面对支持城市区域生态建设及新能源产业发展具有较强的指导意义和实用价值；另一方面有助于拓展大数据环境下技术竞争情报研究体系。相关项目研究中，曾深入节能监察等部门，从政府管理部门视角出发，全面采集相关重点用能单位能耗数据等，切实理解实际工作中数据采集、数据分析的难点，并提出需要构建综合指标体系、需要构建自动化的数据采集与整合平台的建议。另外，结合区域生态项目，深入分析构建新能源产业大数据平台对支持政府决策、促进社会能源结构优化、培育初创型新能源企业等方面所能发挥的价值，并进一步围绕新能源产业特性及大数据处理流程，剖析了构建新能源产业大数据平台的主要途径及可行性。相关研究以内部调研报告形式提交，这里不展开论述。后续工作中将进一步考虑：能否、如何将技术和市场两方面的数据进行整合，全面分析能源大数据平台的构成要素；如何结合新能源产业开放式管理创新目标，深入探讨大数据平台的数据构成及数据开放标准，明确产业中不同类型企业与组织应开放提供的数据类别，并针对大数据环境的数据海量、位置分布、类型异构等特征从语义角度进行异质数据深度整合研究。

第十章 技术竞争情报挖掘：燃料电池技术领域应用分析

本章引入 VantagePoint 文本挖掘软件，通过对 VantagePoint 软件的服务领域、操作流程与技术竞争情报业务目标、挖掘流程对比，以及对 VantagePoint 软件挖掘功能特点的分析，探讨 VantagePoint 软件作为技术竞争情报挖掘工具与环境的适用性，并进一步从集成支持、语义挖掘、挖掘结果的可视化组织、典型技术竞争情报业务挖掘应用模板提供等角度提出建议。文章选取 Fuel Cell 技术领域，围绕技术活动行为识别和技术融合识别这两种典型的企业技术竞争情报挖掘目标，从数据采集与清理、情报挖掘与分析两个环节入手，介绍挖掘目标的实现过程。

第一节 挖掘平台的构建

一 挖掘平台开发方案

基于知识发现的技术竞争情报智能挖掘平台的开发需要结合知识组织、数据挖掘、人工智能、知识检索等多方面理论与技术，研制动态、高维的技术竞争情报采集模型和算法，并无缝集成其他信息系统。由于涉及多种先进理论与技术，其开发具有很大的挑战性。总的来说，可通过以下途径开发挖掘平台：

（一）全盘自主研制

如果企业内部拥有既懂数据挖掘、人工智能、知识检索等技术，又懂企业业务的综合性人才，并且时间、财力许可的话，可以考虑自行投入进行采集平台的研发。其中主要包括如下工作：一是构建静、动态多维情报采集模型；二是研制与企业情报需求相关的数据挖掘算法；三是使用数据挖掘、本体论等软件工具，开发系统。挖掘平台的开发过程涉及多方面的知识，需要有机集成多种技术，并结合企业业务融入挖掘模型与挖掘算法，困难程度较大。

（二）购买部分模型

企业在开发情报采集系统的过程中，可以根据需要购买部分挖掘模型。市场上有不少的竞争情报系统提供商和数据挖掘软件提供商会提供一些通用模型产品。对于企业来说，可以直接购买这些模型并集成到挖掘系统平台中。这种方式具有方便、快捷的特点，但同时丧失了企业个性化竞争情报服务能力。

（三）合作开发

企业依靠自身专业知识，系统深入研究采集模式，提出采集模型，在此基础上，将系统软件的开发委托给专门的 IT 企业加工。这种方式可以结合多方的优势，并能让企业有足够的精力完善挖掘模型，但是需要多方拥有很强的沟通和合作能力。

（四）购买整体解决方案

对于小型企业而言，面临的市场环境较为有限，其情报需求和情报挖掘任务也比较简单，因此可以选择购买竞争情报提供商所提供的全套竞争情报软件。

（五）购买服务

在这种方式下，应存在专门的竞争情报服务提供商。企业自身并不需要开发竞争情报挖掘系统以及开展情报挖掘活动，而是由情报服务提供商研发具备数据挖掘功能的竞争情报采集系统并进行情报采集后，直接为客户提供深层次的情报产品。

二　技术竞争情报挖掘系统类别

目前，可用于辅助进行技术竞争情报挖掘的软件系统可归为如下类别：

（一）纯数据挖掘工具类

该类工具主要是指 MatLab、SPSS、ClearForest 等专业化数据挖掘软件系统，这类系统挖掘功能强大，但本身应用领域广泛，利用该类系统进行技术竞争情报挖掘需要较好地掌握相关算法的实现途径和结果优化方法，并需要与挖掘策略与任务完美结合，这对技术竞争情报人员的计算机能力要求较高，有时可能会对其工作重心造成影响。

（二）以技术分析为导向的数据挖掘工具类

这类软件系统相较于纯数据挖掘工具类，应用目标专一，更具针对性，如由从事技术战略管理咨询或技术信息服务的提供商开发的数据增值服务产品 SciFinder、Delphion Text Clustering 等，另外，传统数据挖掘和人工智能领域科研人员和社会团体也将技术分析作为其应用领域，开发相关商业软件或原型系统，如亚利桑那大学人工智能实验室陈炘钧教授研究团队所开发的 NanoMapper 原型系统，该系统面向纳米科技领域，可用于专利分析和项目资助分析，识别纳米科技发展状态。①

（三）基于外部数据挖掘的技术分析环境类

这类系统通过将外部数据挖掘工具作为数据分析基础，通过接口为技术分析提供再生数据，其本身功能重在实现技术分析模型，如 TechPioneer 原型系统，该系统通过在 Ucinet 和 SPSS 等外部数据挖掘系统中进行数据联合分析和网络分析后，将处理结果作为原型系统的输入，构建技术形态矩阵并进行技术机会分析。②

三　技术竞争情报挖掘系统适用性分析

（一）软件适用性的体现

如需从外部购买软件产品，在选择软件系统时，需从多方面分析其适用性：

（1）软件服务领域是否与技术竞争情报业务目标相契合。数据挖掘类软件产品数目繁多，但并非都能直接支持企业的技术竞争情报工作。因此，需考虑选择专门针对技术竞争情报领域的产品。若软件系统应用领域为创新管理、专利分析等，可支持技术机会的识别、关键技术跟踪、技术战略规划、竞争对手识别与评估、合作技术开发、技术路线图规划等技术战略管理业务，则可认为该软件的主要应用目标与技术竞争情报挖掘目标一致。与一般文本挖掘软件工具相比，该类软件更适合直接用于技术竞争情报工作。如从聚类实现来看，大多数文本挖掘工具提供的聚类方法和技术都是为了满足文献检索目的，而技术竞争情报挖掘与这些基于文献检索

①　Daning Hu, Xin Li and Yan Dang et al., "NanoMapper: A Knowledge Mapping System for Nanotechnology Funding and Developments", http://ai. arizona. edu/hchen/chencourse/NanoMapper - 2007. ppt, 2009 - 6 - 15.

②　Byungun Yoon, "On the Development of a Technology Intelligence Tool for Identifying Technology Opportunity". *Expert Systems with Applications*, Vol. 35, No. 1 - 2, 2008, pp. 124 - 135.

目的聚类研究有所不同，它需要将词聚类作为理解文档内相关概念的一种基本方式，而不是将聚类结果用于表示文档。借助于软件所提供的面向技术战略管理支持的文本挖掘环境和功能，可以更有针对性、更有效地进行技术竞争情报获取工作。

（2）软件操作流程是否与技术竞争情报挖掘流程相契合。要考察软件系统是否包含数据采集、数据整合、模式挖掘与分析等功能；能否支持用户根据业务问题需求从其他数据源中采集相关数据集导入系统；是否内含数据整理过程，实现数据的清理与集成；是否内含相关模型，能对数据集进行自动加工分析，从中挖掘有关模式，并以列表、地图等可视化形式展现挖掘结果。

（3）是否具有强劲的挖掘预处理功能。数据预处理是数据挖掘过程中的关键环节，有效的预处理可以改进数据的质量，提高后续挖掘过程的精度和性能，有助于后续进行语义层次的挖掘。

（4）是否具有对多渠道数据源的集成支持能力。需考察软件系统是否具有强劲的导入引擎。技术竞争情报信息来源广泛，除了科技论文数据库资源外，网络会议论文、技术规范与标准文献、研发报告等网络灰色信息资源以及研发数据库信息资源都具有战略情报研究支持功能，这些不同种类的信息源都需要提供导入接口，并能有机集成。

（5）是否具有多样化的可视化组织方式。应用可视化技术，可以动态直观地展现海量数据中所隐含的规律，利用人类天生的视觉功能来处理技术竞争情报挖掘结果，深入理解多维数据中的复杂模式，使技术竞争情报更加易于理解并有助于运用。数据挖掘与知识发现领域可通过采用交互式投影、交互式过滤、交互式缩放和视点控制等多种视图变换手段，利用亮度、颜色图、空间三维图形等多种方法，采用星型图、雷达图等几何图技术以及图标技术、平行坐标技术、层次化技术等多种技术从多个侧面反映数据本身的特点、性质和规律，展现数据挖掘结果。在技术竞争情报挖掘中，结合技术竞争情报工作目标以及科技文献、专利、研发报告等技术竞争情报数据源特性，设计特有的可视化组织技术与工具，可有效揭示技术领域结构特征及其发展趋势。如在共词矩阵和聚类基础上，结合技术竞争情报工作中对技术预测的需求，引入"战略坐标"等定性描述手段，借助四象限表格形式描绘技术领域内部联系情况和领域间相互影响情况，可以清晰反映出优势技术、过时技术等，帮助评估技术型产品领域的前景。

（6）是否可针对典型技术竞争情报业务活动，预置挖掘应用模板。技术竞争情报工作是一项动态、持续过程，许多业务目标需反复多次对更新后的数据集进行分析。如果软件系统缺少或只能通过编程接口辅助用户自动实现重复化的分析过程，则需要技术竞争情报从业人员具有较强的计算机应用能力。如果软件系统开发公司由数据挖掘专家与技术战略管理领域专家协同，将服务更进一步针对典型技术竞争情报挖掘目标，选择最优策略和算法，预制一套应用模板，技术竞争情报从业人员就可以利用这些内建模型，直接套入新的数据源，轻松处理数据后，将主要精力用于分析挖掘结果，从而提高情报挖掘效率和质量。

（二）VantagePoint 软件系统简介及其适用性分析

鉴于这些软件系统挖掘流程的完善程度、对技术分析功能支持强弱等多方面因素影响，这里选择由 Search Technology 技术分析支持公司所开发的 VantagePoint 软件系统①作为挖掘实例分析的工作环境。VantagePoint 是 Search Technology 公司开发的一种数据挖掘产品。它利用挖掘技术从文本数据库中抽取相关知识，为技术分析者和信息工作者提供相关软件工具和服务，以辅助研发管理。作为一款商业软件，为吸引更多的客户群，Search Technology 公司也为大众专门定制了 VantagePoint Reader 简化版本，用于阅览、分析 VantagePoint 软件挖掘生成的结果文件。技术竞争情报挖掘工作中，使用该软件系统具有如下优势：

（1）VantagePoint 软件的服务领域及与技术竞争情报业务目标契合。2000 年开始，该公司将重心放在文本挖掘领域，开发了一系列应用产品以支持技术管理和技术竞争情报，并与乔治亚理工学院技术政策与评估中心合作组成战略联盟，开发了一系列具有技术机会分析功能的软件产品以支持技术管理和技术竞争情报工作。针对政府、企业等多行业需求，Search Technology 公司还为美国政府专门定制了 VantagePoint 的政府版本——TechOASIS，该软件在美国国防部高级研究计划局和军队系统的资助下开发，可以辅助政府部门对科技信息源进行挖掘分析。目前，VantagePoint 软件的主要应用领域包括技术竞争情报、创新管理、专利分析

---

① Search Technology, Inc., "General Information about Vantage Point", http：//www. thevantagepoint. com/, 2009 - 2 - 13.

等，可支持技术机会的识别、关键技术跟踪、技术战略规划、竞争对手识别与评估、合作技术开发、技术路线图规划等技术战略管理业务。[①]

　　（2）VantagePoint 软件操作流程及与技术竞争情报挖掘流程的契合。VantagePoint 系统可在 Windows 2000、Windows XP 以及 Windows Vista 操作系统平台上运行。用户导入原始数据即可对数据进行清理及分析，其操作流程主要包含如下四个步骤（见图 10 - 1[②]）：①数据采集，利用 Vantage-Point 软件时，用户需要先根据业务问题需求，从其他数据源中采集相关文本数据集；②数据下载，将采集结果以 TXT、XML、XLS、CSV、TAB、TRN、RIS 等格式下载保存；③数据导入，将下载保存的数据导入至 VantagePoint；④模式挖掘与分析，VantagePoint 系统能对数据集进行自动加工分析，从中挖掘有关模式，并以列表、地图等可视化形式展现挖掘结果。实质上，上述数据采集与下载步骤完成了信息源的分析和选择功能；数据导入步骤内含数据整理过程，实现数据的清理与集成；模式挖掘与分析步骤针对业务目标获取模式知识。因此可以认为，VantagePoint 软件操作流程和技术竞争情报挖掘流程吻合。VantagePoint 软件操作流程可作为技术竞争情报挖掘流程的具体实现形式。

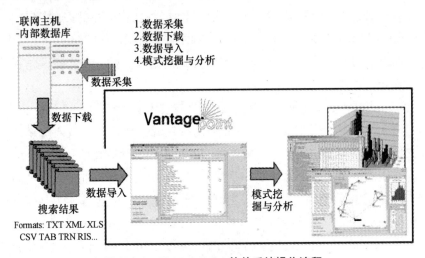

图 10 - 1　VantagePoint 软件系统操作流程

　　①　Search Technology, Inc. , "How does VantagePoint Work", http：//www. thevantagepoint. com/vantagepoint. cfm, 2009 - 2 - 18.

　　②　Search Technology, Inc. , "Introduction to Products", http：//www. thevantagepoint. com/products. cfm, 2009 - 4 - 7.

（3）强劲的数据预处理功能。数据预处理是数据挖掘过程中的关键环节，有效的预处理可以改进数据的质量，提高后续挖掘过程的精度和性能。VantagePoint 系统支持多数据字段导入、数据清理与整理等相关数据预处理辅助：

第一，多数据字段导入功能。将检索到的科技文献中的题名、作者、第一作者单位、文献出版年份、文献来源、国别、关键词、摘要等多字段数据集导入 VantagePoint 系统。

第二，列表清理功能（List Cleanup）。VantagePoint 软件采用模糊匹配技术对数据进行自动识别、关联和清理，能够处理拼写错误、断字、大小写，以及不同人名拼写习惯等，以减少不规范的数据量。VantagePoint 系统还为用户设置了 Cleanup Confirm 选型，如图 10 - 2 所示①，在该窗口中，用户可以自行设置清理工具类别，以便对清理结果进行控制。

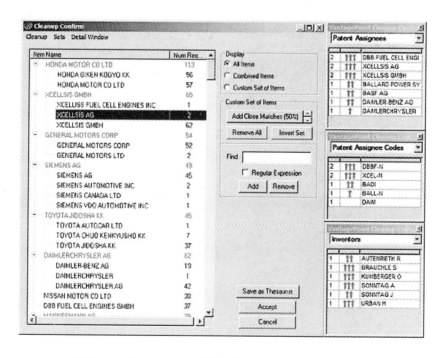

图 10 - 2　VantagePoint 软件系统的 Cleanup Confirm 功能

---

①　Search Technology，Inc.，"Introduction to VantagePoint"，http：//www. thevantagepoint. com/vantagepoint/whitesheet_ 6. cfm，2009 - 4 - 7.

（4）用户词表管理功能（User - Managed Thesauri）。VantagePoint 软件系统还允许用户创建并管理用户词表。利用用户词表，用户可以方便地综合某一数据元素值的多种形式，如美国有 United States、US、U. S.、USA 等多种形式，通过用户词表，系统会将有关"美国"的不同描述形式视为同义词，自动进行归一化处理。利用词表，用户还可以将一些数据要素归入更宽泛的目录中，如将"aluminum alloys"、"magnesium alloys"、"carbon fiber reinforced plastics"以及"copper alloys"归入"Materials"类别。这实质是通过添加额外维度以便后续分析，如可以创建一个词条，将大学、公司实体、政府组织融合在一起用于命名单位性质类别。因此词表在清理过程中的作用非常大，不仅可以帮助统一拼写形式，还能提供常识性线索知识。VantagePoint 软件系统设置了 Thesaurus Editor 栏目，该交互式工具栏方便用户创建、编辑、测试并管理自己的词表，如图 10 - 3 所示。①

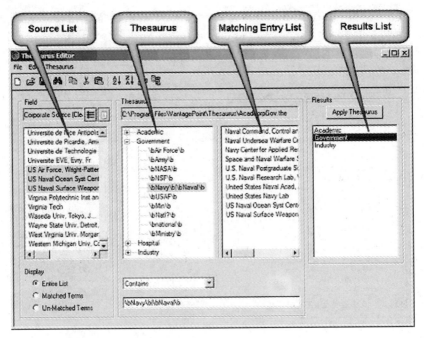

图 10 - 3　VantagePoint 软件系统用户词表管理功能

---

① Search Technology, Inc., "Introduction to Products", http://www.thevantagepoint.com/products.cfm, 2009 - 4 - 7.

（5）灵活、深入的挖掘分析功能。VantagePoint 软件系统采用主成分识别、多元回归预测、聚类等多种数据挖掘方法与算法，能够进行大范围、灵活、深入的分析①②：

①一维列表分析。VantagePoint 软件系统可以根据用户需要对作者、关键词、国别、单位等字段进行统计分析，并以列表形式呈现，用户在系统生成的一维表格基础上，还可以比较任意两个由 VantagePoint 产生的列表，区分表格中共同的或不同的条目，若利用时间序列功能，用户还能及时发现新技术主题、新专利权人或新的研究单位等。

②二维共现矩阵分析。一维列表分析主要针对单个字段内容进行，而二维共现矩阵分析主要针对两个字段进行分析，并以矩阵形式表示。对作者、关键词和日期等字段的组合可以挖掘有趣的知识，比如将论文主题与时间字段结合起来可以分析研发领域活动趋势；利用专利权人和专利公开年份数据矩阵，可以了解专利公开的趋势，从而获得他们在过去的时间里在某一技术领域的技术开发信息以及是否继续所从事的工作等。对于二维共现矩阵，还可以进一步生成其他可视图表。

③多维地图分析。在一维和二维分析基础上，VantagePoint 软件系统还提供多维分析功能，以帮助在技术主题、作者、专利权人、国家等多字段基础上建立聚类或相关关系，并以合适的地图形式表现出来。

④分析过程的自动化实现。VantagePoint 软件系统提供了对 VBScript 的扩展接口，如图 10-4 所示。③ 通过脚本程序能够自动实现重复化分析过程，如产生一定的模型后能够分析每一个国家每年在某一技术领域的文献增长率。

VantagePoint 6.0 版本系统，其挖掘功能上还存在需进一步完善之处：

①须扩充数据导入接口，提高对多渠道数据源的集成支持能力。VantagePoint 6.0 版本系统软件系统主要是针对科技文献、专利等数据库文件进行挖掘，通过利用针对各具体数据库的导入引擎，将对应的数据库文件

---

①　Search Technology, Inc., "Introduction to VantagePoint", http：//www. thevantagepoint. com/vantagepoint/whitesheet_ 5. cfm, 2009 - 2 - 13.

②　陈燕、黄迎燕、方建国等编著：《专利信息采集与分析》，清华大学出版社 2006 年版，第 313 页。

③　Search Technology, Inc., "VantagePoint Scripting", http：//www. thevantagepoint. com/vantagepoint/whitesheet_ 8. cfm, 2009 - 4 - 7.

结构中的字段数据导入到 VantagePoint 系统。需进一步为不同种类信息源提供导入接口，并能有机集成。

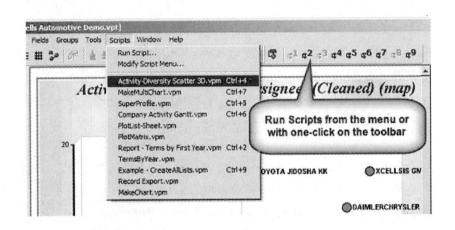

图 10-4　VantagePoint 软件系统的 Scripting 功能

②可利用技术领域背景知识库实现语义挖掘。VantagePoint 软件系统的核心挖掘思想在于对不同类型字段进行基于词频率统计而展开的共现分析，用于表征数据项之间的关联特征，并在此基础上进一步实现聚类。虽然 VantagePoint 6.0 软件系统提供了用户词表管理模块辅助用户在挖掘环节之前对数据归一化，但这只是一种静态预处理方案，应该进一步考虑如何引入 WordNet、Cyc 等语言和常识知识库，以及特定技术领域背景知识库，进行语义层次的挖掘。

③可融合技术战略管理中的技术图表分析思维，提供更多的可视化方式组织挖掘结果。VantagePoint 6.0 系统可以提供列表、矩阵以及建立在共词分析基础上的地图形式来组织挖掘结果，揭示出每个节点之间的关系及其网络中的相互作用。实质上，在共词矩阵和聚类基础上，还可以结合技术竞争情报工作中对技术预测的需求，引入"战略坐标"等定性描述手段，借助四象限表格形式描绘技术领域内部联系情况和领域间相互影响情况，从而反映出优势技术、过时技术等，帮助评估技术型产品领域的前景。

④进一步针对典型技术竞争情报业务活动，预置挖掘应用模板。虽然 VantagePoint 6.0 软件系统提供了 VBScript 扩展接口，一定程度可辅助用

户自动实现重复化的分析过程，但这需要技术竞争情报从业人员具有较强的计算机应用能力。需要将服务更进一步，预制一套应用模板。

总的来说，VantagePoint 作为一款专门支持技术管理和技术竞争情报的软件系统，能够分析从大型数据库中采集到的文本集合，具有记录浏览、趋势识别、概要总览、地图绘制等多项功能，能基本满足技术竞争情报业务需求。

第二节　业务领域选择及挖掘目标设定

技术竞争情报挖掘需要围绕一定技术领域展开，这里以燃料电池（Fuel Cell）技术为例，介绍通过 VantagePoint 软件系统，如何挖掘该技术领域蕴含的竞争情报知识。

燃料电池是一种将存在于燃料与氧化剂中的化学能直接转化为电能的发电装置，是一项具有广阔前景的能源生产技术。传统的发电技术主要有两种[①]：

（1）基于燃料的发电模式。为了利用煤或者石油这样的燃料来发电，必须先燃烧煤或者石油。它们燃烧时产生的能量可以对水加热而使之变成蒸汽，蒸汽则可以用来使涡轮发电机在磁场中旋转。这样就产生了电流。换句话说，这种模式是把燃料的化学能转变为热能，然后把热能转换为电能。在这种双转换的过程中，许多原来的化学能浪费掉了。如果这种燃料非常便宜，虽有这种浪费，也不妨碍人们利用它们生产大量的电力，而无须昂贵的费用。但是，由于目前世界上煤炭、石油等燃料资源非常短缺，这种模式受到一定的限制。

（2）基于电池的发电模式。为了实现发电，有可能把化学能直接转换为电能，而无须先转换为热能。为此，人们必须使用电池。这种电池由一种或多种化学溶液组成，其中插入两根称为电极的金属棒。每一电极都进行特殊的化学反应，电子不是被释出就是被吸收。一个电极上的电势比另一个电极上的大，因此，如果这两个电极用一根导线连接起来，电子就会通过导线从一个电极流向另一个电极。这样的电子流就是电流，只要电

[①]　百度百科：《燃料电池》，http://baike.baidu.com/view/1532.htm，2014 年 10 月 22 日。

池中进行化学反应，这种电流就会继续下去。手电筒的电池是这种电池的一个例子。在某些情况下，当一个电池用完了以后，人们迫使电流返回流入这个电池，电池内会反过来发生化学反应，因此，电池能够储存化学能，并用于再次产生电流。汽车里的蓄电池就是这种可逆电池的一个例子。在一个电池里，浪费的化学能要少得多，因为其中只通过一个步骤就将化学能转变为电能。然而，电池中的化学物质（如锌等）都是非常昂贵的。如果试图使用足够的锌或类似的金属来为整个城市准备电力，那么，一天就要花成本费数十亿美元。

燃料电池是把燃料和电池两种概念结合在一起的装置。它是一种电池，但不需用昂贵的金属，而只用便宜的燃料来进行化学反应。这些燃料的化学能也通过一个步骤就变为电能，比通过两步方式的能量损失少得多。目前，燃料电池按电解质划分已有 6 个种类得到了发展，即碱性燃料电池（Alkaline Fuel Cell，AFC）、磷酸盐型燃料电池（Phosphoric Acid Fuel Cell，PAFC）、熔融碳酸盐型燃料电池（Molten Carbonate Fuel Cell，MCFC）、固体氧化物型燃料电池（Solid Oxide Fuel Cell，SOFC）、固体聚合物燃料电池（Solid Polymer Fuel Cell，SPFC，又称为质子交换膜燃料电池，Proton Exchange Membrane Fuel Cell，PEMFC）及生物燃料电池（BEFC）。按工作温度它们又分为高、中、低温型燃料电池。工作温度从室温到 373K（100℃）的为常温燃料电池，如 SPFC；工作温度在 373K（100℃）—573K（300℃）之间的为中温燃料电池，如 PAFC；工作温度在 873K（600℃）以上的为高温燃料电池，如 MCFC 和 SOFC。这里以质子交换膜燃料电池为例介绍其工作原理：将氢气送到负极，经过催化剂（铂）的作用，氢原子中两个电子被分离出来，这两个电子在正极的吸引下，经外部电路产生电流，失去电子的氢离子（质子）可穿过质子交换膜（固体电解质），在正极与氧原子和电子重新结合为水。由于氧可以从空气中获得，只要不断给负极供应氢，并及时把水（蒸汽）带走，燃料电池就可以不断地提供电能。

由于燃料电池具有发电效率高、环境污染少等优点，具有很好的应用前景及发展空间，受到世界各国广泛关注。但是由于其技术十分复杂，涉及化学热力学、电化学、电催化、材料科学、电力系统及自动控制等多学科的有关理论，因此，技术人员较难全面了解和掌握该领域国际发展状况和发展趋势。如果能借助知识发现方法与技术，在采集相关数据基础上进行挖掘分析，可以为技术人员、技术战略管理者提供参考。

在选定待挖掘技术领域后，还需要进一步识别一些具体的业务目标，为后续挖掘过程提供明确的、可操作的业务问题[①]：

（1）识别技术活动行为，挖掘燃料电池技术领域中的核心研发机构和主要的竞争对手。

（2）识别技术融合，挖掘燃料电池技术领域中的研发主题构成及其相关性。

（3）识别技术生命周期，挖掘燃料电池技术演化路径、研发增长速度及其扩散状况。

（4）识别技术机会，挖掘燃料电池技术的优点及其潜在市场价值，开发新的应用。

第三节　挖掘的实现

一　数据的采集与集成

利用 VantagePoint 软件时，需要先从 Science Citation Index、INSPEC、Wiley Interscience 等科技数据源中采集相关文本数据集，然后以 TXT、XML 等格式下载保存后导入系统中清理，并进行进一步预处理[②]：

（一）数据检索及其评估

数据检索阶段主要是将所关心的技术主题转换为一个合适的搜索查询式策略，用于从数据库中获得相关文献数据。在获取小规模数据集后，需要浏览数据集合，获得对数据覆盖范围和数据内容初步认识，以决定是否扩充数据集。对数据集的内容评估主要基于技术管理任务目标和挖掘目标；对数据覆盖范围的评估主要由检全率和检准率来综合确定。但是对检全率、检准率本身的评估就是非常困难的，怎么知道是否检索到了所有相关的文献呢？一个简单的解决办法就是随机定性验证，比如查看已知的一篇相关文献是否包含在检索结果数据集中；另一个办法就是请领域专家浏

---

① Technology Policy and Assessment Center of Georgia Tech, "Innovation Forecast of Fuel Cells", http：//www. tpac. gatech. edu/fuelcell/, 2008 - 7 - 12.

② Alan L. Porter, *Tech Mining*: *Exploiting New Technologies for Competitive Advantage*, New York: John Wiley & Sons, Inc. , 2005, pp. 113 - 128, 134.

览数据集，评价数据集的质量。

（二）数据导入及其清理

根据 VantagePoint 系统为科技文献、专利等数据供应商提供的对应数据库文件接口，将检索的科技文献中的题名、作者、作者单位、文献出版年份、文献来源、国别、关键词、摘要等多字段数据集导入 VantagePoint 系统中，并利用 VantagePoint 系统提供的"列表清理功能"，对空缺值、噪声数据和不一致数据进行处理。数据清理需要结合科技文献记录自身的特点，以及有关专业技术背景知识进行操作。数据清理不仅关注数据完整性，还应该注意考察数据的合适性以及分布特征，如关于燃料电池技术的论述既包含从社会学角度进行分析的文章，也包含解决具体技术问题的文章等。

（三）抽词预处理

在将数据导入 VantagePoint 系统后，可以利用 VantagePoint 软件提供的预处理器进行词语解析与提取，将文本类型记录转换为结构化短语，并生成 VantagePoint 系统特有的结构化数据格式。其处理过程主要包括如下步骤：①将原始书目文献数据划分成单个的文献记录（Record）；②将文献记录划分成字段（Field），如标题、作者、关键词、摘要等；③将摘要、标题等字段划分成词或短语（Item）；④创建索引数据库，将各字段中所提取出来的词或短语与记录进行关联。

经过上述数据检索与导入处理后，1165 条有关燃料电池的原始记录被导入 VantagePoint 软件系统，经过预处理后，从摘要中抽取出了 20746个短语，从作者工作单位中抽取出了 615 个短语，从标题中抽取出了2882 个短语（自然语言处理结果，经人工清理后保留了 1162 个），其详细结果如图 10 - 5 所示。①

二　技术活动行为和技术融合的挖掘

利用 VantagePoint 软件系统内置的主成分识别、多元回归预测、聚类等数据挖掘方法与算法，可进行二维共现矩阵分析和多维地图分析。技术活动行为挖掘和技术融合挖掘主要通过关联分析和共现分析实现。

---

① 实验软件为 VantagePoint Reader6.0 版，由 Search Technology 提供。相关数据集从 John Wiley & Sons 出版公司网站下载，由 *Tech Mining*：*Exploiting New Technologies for Competitive Advantage* 一书作者艾伦·L. 波特教授整理提供。本章后述图示均由 VantagePoint Reader 软件生成。

Field	Number of Items	% Coverage	Data Type	Meta Tags
Raw Record	1165	100%		
Abstract (NLP) (Phrases)	20746	91%		
Affiliation (Cleaned)	615	92%		
Authors (Cleaned)	2717	99%		
Country (Cleaned)	46	82%		Country
keywords-combo	2759	90%		
Record Type	16	100%		
Source (Conference)	135	29%		
Source (Journal) (Cleaned)	339	99%		
TC	45	48%		
Title (Cleaned)	1162	100%		
Title (NLP) (Phrases)	2882	100%		
Year	16	100%		Year

图 10 - 5　数据采集与预处理结果

(一) 技术活动行为挖掘

技术活动行为挖掘的主要目标是识别燃料电池技术领域中的核心研发机构及其关联状态。利用 VantagePoint 软件系统提供的列表分析工具，可以很方便地了解燃料电池技术领域的研发分布状况，图 10 - 6 展示出了前 10 位研发组织，其中，Affiliation 栏为研发机构名称，Record 和 Instance 栏目为这些机构发文数量。在此基础上，利用 VantagePoint 软件系统提供

	# Records	# Instances	Affiliation (Cleaned)
1	28	28	Julich GmbH
2	17	17	Univ London
3	12	12	Hitachi
4	11	11	Tokyo Elect Power Co.
5	10	10	Georgia Tech
6	10	10	Siemens
7	9	9	INST CNR
8	9	9	Royal Inst Technol
9	9	9	TU Delft
10	8	8	IIT

图 10 - 6　燃料电池技术领域的主要研发机构

的"Detail Window"工具，还可以对这些机构的研发活动进行不同角度的深层次分析。

在利用 VantagePoint 软件系统提供的一维列表功能识别出主要的研发机构后，还可以进一步利用二维列表组合分析功能，对研发机构及其主要研发人员之间的关系进行分析。

（1）构建研发机构、作者共现矩阵。通过统计识别主要研发机构及研究人员后进一步进行共现分析构建作者共现矩阵，从中可以发现研发机构及其主要研发人员关系，有助于了解技术活动行为。图 10 - 7 为利用 VantagePoint 软件系统生成的作者共现矩阵，统计出了 2717 位作者的共现次数，这里只选取了发文数量位于前 10 位的作者的共现情况，图中#Record 栏目表示作者总共发表论文的数目，白色框框区域数值表示共现值，如 S. C. Singhal 与 M. Dokiya，一起合作了 27 篇论文。

Reset		Authors (Cleaned)	1	2	3	4	5	6	7	8	9	10
		# Records	49	34	29	22	20	18	17	17	16	16
Authors (Cleaned)	# Records	Show Values >= 1	Sugiur Singhal, S. C	Dokiya, M.	Tagawa, H.	Anon	Doughty, D. H.	Yamamoto, O	Savadogo, O.	McEvoy, AJ	Iwahara, H	Stimming, U.
1	49	Sugiur Singhal, S.C	49	27	24			13		1	10	12
2	34	Dokiya, M.	27	34	15			13			1	1
3	29	Tagawa, H.	24	15	29			13		1	1	12
4	22	Anon				22						
5	20	Doughty, D.H.					20					
6	18	Yamamoto, O	13	13	13			18			1	1
7	17	Savadogo, O.							17			
8	17	McEvoy, AJ	1		1					17		
9	16	Iwahara, H	10	1	1			1			16	
10	16	Stimming, U.	12	1	12			1				16

图 10 - 7 作者共现矩阵

（2）构建研发机构、作者的自相关地图和互相关地图。在利用地图形式进行可视化分析之前，还可以构建二维列表形式的相关矩阵：自相关矩阵用于展现待分析维中各个变量之间的相关性；互相关矩阵在展现某一维中各变量之间的相关性时，需要以其他维为基准进行统计分析，如以主题维为基准建立的作者互相关矩阵表示论文内容相似的作者群。自相关地图与互相关地图对自相关矩阵与互相关矩阵进行可视化展示。图 10 - 8 是以主题维为基准所建立的作者互相关地图，图中节点大小与作者发表论文的数量成正比；作者节点之间的连线展现了作者之间的潜在合作关系。

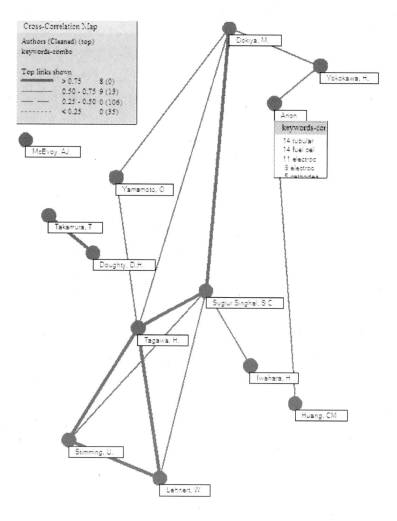

图 10 - 8　作者互相关地图示

（二）技术融合挖掘

技术融合挖掘主要是识别燃料电池技术领域中的研发主题分布结构及其相关性，并预测其发展趋势。本节主要利用 VantagePoint 软件系统提供的一维列表和二维列表组合分析功能，并利用其可视化工具手段，进行领域构成分析。

（1）基于一维列表分析功能的研发主题分布分析。利用 VantagePoint 软件系统提供的一维列表分析功能，可以挖掘出热点研究主题。在 VantagePoint 软件系统中，可以实现基于关键词字段和摘要字段的研究热点挖掘。图 10 – 9（a）所示为基于关键词字段统计后得到的高频关键词列表，这里截取了前 10 位。图 10 – 9（b）所示为基于摘要文本生成的高频关键词列表，与基于关键词字段统计方式有所不同的是，在这种方式中，用户可以利用 VantagePoint 软件提供的选择功能，结合技术背景自行选择合适的关键词作为聚类分析等其他处理过程的基础，如图中 Results 一词虽然出现频次位于首位，但是，由于它并不利于主要成分分析处理，因此并未将其选为主要关键词。

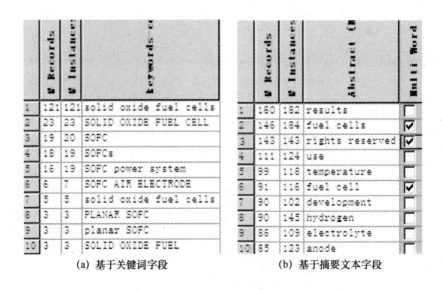

(a) 基于关键词字段　　　　　　　(b) 基于摘要文本字段

图 10 – 9　基于关键词字段和摘要文本提取出的高频关键词

在生成高频主题词列表后，如果结合 VantagePoint 软件系统提供的"Details Window"功能，还可以对研发主题发展趋势进一步刻画。

（2）基于二维列表组合分析功能的技术领域构成分析。基于一维列表分析功能的研发主题分布分析只能形成对技术研发主题分布的初步认识，如果需要进一步了解，研发状况有还可以利用二维列表组合分析功能，通过共现聚类实现。分析步骤如下：

　　第一步：关键词的确定，利用 VantagePoint 软件系统提供的一维列表功能识别主要主题；

　　第二步：建立关键词共现矩阵，对确定出来的关键词进行两两共现统计，形成共现矩阵；

　　第三步：构建因子地图，以共现矩阵为基础，使用 VantagePoint 软件系统内置的主成分分析方法对关键词进行因子分析，并建立因子矩阵，因子矩阵作为统计分析结果可用于识别待分析维中属性变量之间的关联。

　　以因子矩阵为基础，还可以将主成分分析结果可视化为因子地图，如图 10 – 10 所示，图中每个节点代表若干个相近关键词构成的聚类；节点之间的连线代表两个类之间的关联强度通过统计识别研发主题建立共现矩阵并利用主成分分析方法进行因子分析得到，从中可以发现技术领域的构成及其关联强度，有助于识别技术融合趋势。

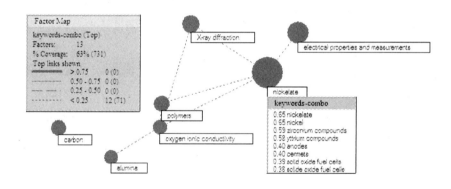

图 10 – 10　关键词因子地图

　　挖掘实例表明，基于知识发现的技术竞争情报挖掘重在将知识发现方法与技术战略管理思维模型及方法有机融合。识别技术竞争情报采集的具体需求，构建挖掘模型与策略，并结合技术管理、数据挖掘、知识可视化等多方面理论与技术开发挖掘平台，具有可实现性和光明的应用前景。

　　本章数据集从 John Wiley & Sons 出版公司网站下载，由 *Tech Mining: Exploiting New Technologies for Competitive Advantage* 一书作者艾伦·L. 波特教授整理提供。实验软件为 Search Technology 提供。特此表示感谢！

参考文献

[1] 艾丹祥:《基于数据挖掘的客户智能研究》,博士学位论文,武汉大学,2007年。

[2] 百度百科:《燃料电池》,http://baike.baidu.com/view/1532.htm,2014年10月22日。

[3] 包昌火等编著:《企业竞争情报系统》,华夏出版社2002年版。

[4] 包昌火、谢新洲主编:《竞争对手分析》,华夏出版社2003年版。

[5] 包昌火、谢新洲、李艳等:《企业竞争情报咨询活动案例分析》,《情报学报》2004年第1期。

[6] 包昌火、赵刚、黄英等:《略论竞争情报的发展走向》,《情报学报》2004年第3期。

[7] 包昌火、赵刚、李艳等:《竞争情报的崛起——为纪念中国竞争情报专业组织成立10周年而作》,《情报学报》2005年第1期。

[8] 包昌火、李艳、王秀玲编著:《竞争情报导论》,清华大学出版社2011年版。

[9] 包昌火等编:《信息分析和竞争情报案例》,清华大学出版社2012年版。

[10] 卜东波:《聚类/分类理论研究及其在文本挖掘中的应用》,博士学位论文,中国科学院研究生院,2000年。

[11] CSDN:《IBM技术专家群》,http://blog.csdn.net/error/404.html?aspxerrorpath=/group/ibmtechgroup/,2007年12月22日。

[12] 陈峰:《开展竞争情报与技术预见交叉研究的若干发现》,《图书情报工作》2007年第2期。

[13] 陈峰:《竞争情报从业者在技术预见活动中的作用》,《情报理论与实践》2007年第5期。

[14] 陈柳钦:《技术创新、技术融合与产业融合》,《江南大学学报》

（人文社会科学版）2007 年第 5 期。

［15］陈伟:《日本新能源产业发展及其与中国的比较》,《中国人口·资源与环境》2010 年第 6 期。

［16］陈燕、黄迎燕、方建国等编著:《专利信息采集与分析》,清华大学出版社 2006 年版。

［17］程慧荣、钟惠燕:《挖掘网上灰色文献,提升图书馆信息服务能力》,《现代情报》2006 年第 4 期。

［18］程美静:《不确定环境中创业机会识别与创业力关系研究》,硕士学位论文,西南交通大学,2005 年。

［19］程源、雷家骕、杨湘玉:《技术创新:战略与管理》,高等教育出版社 2005 年版。

［20］崔雷:《专题文献高频主题词的共词聚类分析》,《情报理论与实践》1996 年第 4 期。

［21］崔南方、陈荣秋:《企业业务流程的时间模型》,《管理工程学报》2001 年第 2 期。

［22］戴国强:《加强科技平台建设推动科技资源共享》,《中国科学院院刊》2013 年第 4 期。

［23］邓维、刘方明、金海等:《云计算数据中心的新能源应用:研究现状与趋势》,《计算机学报》2013 年第 3 期。

［24］方曙、胡正银、庞弘燊等:《基于专利文献的技术演化分析方法研究》,《图书情报工作》2011 年第 22 期。

［25］冯青:《基于专利分析的产品技术成熟度预测技术及其工具研究》,硕士学位论文,国防科学技术大学,2005 年。

［26］冯芷艳、郭迅华、曾大军等:《大数据背景下商务管理研究若干前沿课题》,《管理科学学报》2013 年第 1 期。

［27］耿焕同、蔡庆生、于琨等:《一种基于词共现图的文档主题词自动抽取方法》,《南京大学学报》(自然科学) 2006 年第 2 期。

［28］谷尼国际软件(北京)有限公司:《谷尼企业竞争情报系统》,http://www. goonie. cn/products/2011/12/2011 – 12 – 31341. html,2013 年 5 月 13 日。

［29］关志刚:《大数据改变能源的十种方式》,http://www. ctocio. com/industry/energy/3820. html,2012 年 2 月 9 日。

[30] 郭维森、党延忠：《企业中流程知识的表示及获取方法》，《系统工程理论与实践》2003 年第 6 期。

[31] 国务院办公厅：《李克强：改善环境和保护生态，提高人民生活质量》，http：//www. gov. cn/guowuyuan/2014 - 03/23/content_ 2643964. htm，2014 年 3 月 23 日。

[32] 国务院发展研究中心课题组：《促进新能源技术的开发利用》，《发展研究》2009 年第 2 期。

[33] 海尔：《2006 版供应商调查表》，http：//www. ihaier. com/newsDetail. asp？ id = 515，2006 年 12 月 5 日。

[34] 海尔集团：《海尔集团技术中心简介》，http：//www. haier. net/cn/research_ development/rd_ system/research_ center/，2014 年 7 月 16 日。

[35] ［加］韩家炜、坎伯：《数据挖掘：概念与技术》，范明、孟小峰译，机械工业出版社 2001 年版。

[36] 何军：《大数据对企业管理决策影响分析》，《科技进步与对策》2014 年第 4 期。

[37] 侯元元、夏勇其、刘彤等：《基于期刊论文和专利文献的多层科研合作关系网络研究》，《情报学报》2014 年第 10 期。

[38] 胡大立：《企业竞争力论》，经济管理出版社 2001 年版。

[39] 黄鲁成、赵盼：《基于国家顶级域名分析的普适计算技术关注焦点分析》，《情报学报》2011 年第 8 期。

[40] 黄鲁成、石媛嫄、吴菲菲：《基于专利引用的技术轨道动态分析——以太阳能电池为例》，《科学学研究》2013 年第 3 期。

[41] 黄鲁成、武丹、张静等：《基于专利的技术竞争态势分析框架——以智能材料技术为例》，《情报学报》2014 年第 3 期。

[42] 黄宁燕：《技术预测方法及各国技术预测比较》，载中国科学技术信息研究所《技术发展预测与评论》，北京理工大学出版社 2003 年版。

[43] 计世网：《宝钢钢贸企业竞争情报系统应用案例》，http：//www. ccw. com. cn/cio/solution/htm2005/20050110_15FX0. asp，2006 年 10 月 25 日。

[44] 呈隆增、黄静等：《吸收能力、知识整合对组织创新和组织绩效的影响研究》，《科研管理》2009 年第 1 期。

［45］江岩：《市场失灵、技术生命周期与技术创新政策》，《齐鲁学刊》2005 年第 3 期。

［46］姜博：《基于网络计量学的云计算技术发展态势研究》，硕士学位论文，北京工业大学，2013 年。

［47］姜明辉、惠晓峰、邹鹏：《生命周期下技术转让价格的特征分析》，《决策借鉴》2000 年第 6 期。

［48］蒋颖：《1995—2004 年文献计量学研究的共词分析》，《情报学报》2006 年第 4 期。

［49］焦莹：《维堡公司竞争情报系统构建研究》，硕士学位论文，兰州大学，2013 年。

［50］［美］杰里米·里夫金：《第三次工业革命》，张体伟、孙豫宁译，中信出版社 2012 年版。

［51］金福和：《和氏璧化工集团聚羧酸减水剂产品竞争战略研究》，硕士学位论文，山东大学，2013 年。

［52］金炬、梁战平：《美国的竞争性技术情报及其对我国的启示》，《图书情报知识》2006 年第 4 期。

［53］柯江林、健敏、石金涛等：《企业 R & D 团队之社会资本与团队效能关系的实现研究》，《管理世界》2009 第 3 期。

［54］柯贤能：《基于创新过程的技术竞争情报分析方法框架构建》，硕士学位论文，中国科学院研究生院（文献情报中心），2008 年。

［55］黎江、刘细文、柯贤能等：《支持战略情报研究的研发数据库探讨》，《图书情报知识》2007 年第 5 期。

［56］李保明：《技术机会与技术创新的决策》，《科学管理研究》1990 年第 8 卷第 5 期。

［57］李辉、乔晓东：《基于科技文献的技术机会分析方法初探》，《情报杂志》2007 年第 5 期。

［58］李金玲：《吉林通用机械公司竞争情报体系构建》，硕士学位论文，吉林大学，2013 年。

［59］李林华、容春琳：《现代竞争理论的演进及其对竞争情报研究的影响》，《图书情报工作》2007 年第 5 期。

［60］李腾锋、邓然、张鹏：《我国光通信产业开放式创新体系的构建——基于专利信息分析》，《科技管理研究》2012 年第 1 期。

[61] 李艳、赵新力、齐中英：《技术竞争情报的现状分析》，《情报学报》2006 年第 2 期。

[62] 连燕华：《技术创新过程的信息模型》，《科学管理研究》1994 年第 2 期。

[63] 廖华、魏一鸣：《能源经济与政策研究中的数据问题》，《技术经济与管理研究》2011 年第 4 期。

[64] 林斌：《基于语义技术的中文信息情感分析方法研究》，硕士学位论文，哈尔滨工业大学，2006 年。

[65] 刘爱琴：《技术路线图绘制中的竞争情报支持研究》，《科技进步与对策》2012 年第 3 期。

[66] 刘娟：《流程知识表示系统的设计与实现》，硕士学位论文，大连理工大学，2004 年。

[67] 刘军：《Hadoop 大数据处理》，人民邮电出版社 2013 年版。

[68] 刘则渊、尹丽春：《国际科学学主题共词网络的可视化研究》，《情报学报》2006 年第 5 期。

[69] 栾春娟：《基于专利共现的全球太阳能技术网络及关键技术演进分析》，《情报学报》2013 年第 1 期。

[70] 马费成、望俊成、陈金霞等：《我国数字信息资源研究的热点领域：共词分析透视》，《情报理论与实践》2007 年第 4 期。

[71] 马辉、张凯：《基于 Petri 网的工作流挖掘技术分析》，《计算机与现代化》2005 年第 7 期。

[72] 马文峰、杜小勇、卢晓惠：《基于知识的资源整合》，《情报资料工作》2007 年第 1 期。

[73] 孟庆伟、扈春香：《关于自主性技术创新中的技术融合》，《科学管理研究》2003 年第 2 期。

[74] 孟小峰、慈祥：《大数据管理：概念、技术与挑战》，《计算机研究与发展》2013 年第 1 期。

[75] 欧洲技术与创新管理研究院：《企业战略与技术创新决策：创造商业价值的战略和能力》，陈劲、方琴译，知识产权出版社 2006 年版。

[76] 潘教峰、张晓林、王小梅等：《科学结构地图（2012）》，科学出版社 2013 年版。

[77] 彭靖里、珍妮·杨、可星：《论 TRM 理论研究及其在技术竞争情报活动中的应用》，《情报理论与实践》2010 年第 6 期。

[78] 浦根祥、周志豪：《从技术生命周期看企业"技术机会"选择》，《自然辩证法研究》1998 年第 6 期。

[79] 任东怀、胡俊：《多维数据可视化技术综述》，《工程地质计算机应用》2006 年第 4 期。

[80] 上海和氏璧化工有限公司：《和氏璧化工荣获 2011 年中国竞争情报最佳实践奖》，http://www.ncmchem.com/news/news_show.jsp? id = 242，2011 年 12 月 29 日。

[81] 上海市未来研究会：《企业发展战略用——技术预测及其实例》，上海未来研究会 1984 年版。

[82] 沈必扬、王晓明：《基于吸纳能力、技术机遇和知识溢出的企业创新绩效分析》，《科技进步与对策》2006 年第 4 期。

[83] 沈家煊：《语言的"主观性"和"主观化"》，《外语教学与研究》2001 年第 4 期。

[84] 沈家煊：《汉语的主观性和汉语语法教学》，《汉语学习》2009 年第 1 期。

[85] 史忠植：《知识发现》，清华大学出版社 2002 年版。

[86] 宋爽：《共现分析在文本知识挖掘中的应用研究》，硕士学位论文，南京理工大学，2006 年。

[87] 苏竣、张汉威：《从 R&D 到 R&3D：基于全生命周期视角的新能源技术创新分析框架及政策启示》，《中国软科学》2012 年第 3 期。

[88] 孙华梅、郭茂祖、焦杰等：《一种新的面向属性归纳中概念层次技术研究》，《管理科学学报》2004 年第 1 期。

[89] 孙涛涛、刘云：《基于专利耦合的企业技术竞争情报分析》，《科研管理》2011 年第 9 期。

[90] 涂子沛：《大数据：正在到来的数据革命》，广西师范大学出版社 2012 年版。

[91] ［美］V.K. 纳雷安安：《技术战略与创新：竞争优势的源泉》，程源、高建译，电子工业出版社 2002 年版。

[92] 王翠波、张玉峰：《企业技术竞争情报透视》，《图书情报工作》2009 年第 20 期。

［93］ 王翠波、张玉峰、吴金红等：《基于数据挖掘的企业竞争情报智能采集策略研究（I）——采集现状调查与分析》，《情报学报》2009年第1期。

［94］ 王翠波、张玉峰：《基于知识发现的企业技术竞争情报挖掘（I）——目标识别与流程设计》，《情报学报》2010年第4期。

［95］ 王翠波、张玉峰：《基于知识发现的企业技术竞争情报挖掘（II）——策略与实证分析》，《情报学报》2010年第5期。

［96］ 王翠波：《基于文本情感挖掘的企业技术竞争情报采集模型研究》，《图书情报工作》2010年第14期。

［97］ 王翠波、吴金红：《大数据环境下技术竞争情报分析的挑战及应对策略》，《情报杂志》2014年第3期。

［98］ 王飞跃：《知识产生方式和科技决策支撑的重大变革——面向大数据和开源信息的科技态势解析与决策服务》，《中国科学院院刊》2012年第5期。

［99］ 王福生、杨洪勇：《〈情报学报〉作者科研合作网络及其分析》，《情报学报》2007年第5期。

［100］ 王红霞、苏新宁：《电子政务动态信息采集模型的研究》，《中国图书馆学报》2006年第3期。

［101］ 王辉、王晖昱、左万利：《观点挖掘综述》，《计算机应用研究》2009年第1期。

［102］ 王建仁、王锦、赵斌：《基于业务流程生命周期的流程知识分类及管理》，《情报杂志》2006年第2期。

［103］ 王立荣：《面向核心竞争能力的技术竞争情报工作》，《现代情报》2007年第7期。

［104］ 王日芬、岑咏华、王雪芬：《视化技术在专利信息挖掘与分析中的应用研究》，《数字图书馆论坛》2007年第2期。

［105］ 王瑞祥、穆荣平：《从技术预测到技术预见：理论与方法》，《世界科学》2003年第4期。

［106］ 王晓佳、杨善林、陈志强：《大数据时代下的情报分析与挖掘技术研究——电信客户流失情况分析》，《情报学报》2013年第6期。

［107］ 王新：《因特网上灰色文献的开发与利用》，《情报理论与实践》2005年第2期。

［108］王知津、周鹏、韩正彪：《基于情景分析法的技术预测研究》，《图书情报知识》2013 年第 5 期。

［109］邬贺铨：《大数据时代的互联网面临三个问题》，《中国信息化周报》2013 年 9 月 9 日第 5 版。

［110］吴丹、易辉：《企业技术创新中的情报需求与情报信息服务》，《图书情报知识》2001 年第 1 期。

［111］吴金红、张玉峰、王翠波：《面向主题的网络竞争情报采集系统》，《现代图书情报技术》2006 年第 12 期。

［112］吴晓伟、徐福缘、吴伟昶：《竞争情报系统成功建设模型及其实证研究》，《情报学报》2005 年第 4 期。

［113］吴永忠、关士续：《技术创新中的信息问题研究》，《自然辩证法通讯》1999 年第 1 期。

［114］吴永忠：《技术创新的信息过程论》，东北大学出版社 2002 年版。

［115］武汉市信息产业办公室：《武汉市大数据产业发展行动计划（2014— 2018 年）》，http：//www. whbii. gov. cn/xxgk/zfxxgkml/ghjh/2014/05/1915365318. html，2014 年 5 月 19 日。

［116］武汉智慧城市研究院：《武汉智慧城市建设目标》，http：//www. wrisc. cn/wrisc/type/zhcs，2014 年 9 月 25 日。

［117］肖仙雄：《HS 公司竞争情报系统构建研究》，硕士学位论文，电子科技大学，2013 年。

［118］谢彩霞、梁立明、王文辉：《我国纳米科技论文关键词共现分析》，《情报杂志》2005 年第 3 期。

［119］谢新洲、李永进：《技术创新与技术竞争情报》，北京大学出版社 2009 年版。

［120］谢新洲、夏晨曦：《从一次国际论坛看技术竞争情报的研究现状和发展趋势》，《情报学报》2010 年第 3 期。

［121］徐彦、谭培强：《流程挖掘研究》，《物流科技》2006 年第 4 期。

［122］许庆瑞、徐静：《嵌入知识共享平台，提升组织创新能力》，《科学管理研究》2004 年第 1 期。

［123］杨宝森、来玲：《面向学科的网络信息挖掘系统研究》，《情报理论与实践》2006 年第 2 期。

［124］杨炳儒：《基于内在机理的知识发现理论及其应用》，电子工业出

版社 2004 年版。

[125] 杨立英：《化学领域国际主要科研机构论文"共现"现象研究》，《科学观察》2006 年第 5 期。

[126] 姚天昉、程希文、徐飞玉等：《文本意见挖掘综述》，《中文信息学报》2008 年第 3 期。

[127] 叶伟巍、朱凌：《面向创新的网络众包模式特征及实现路径研究》，《科学学研究》2012 年第 1 期。

[128] 仪德刚、齐中英：《从技术竞争情报、技术预见到技术路线图——构建企业自主创新的内生模型》，《科技管理研究》2007 年第 3 期。

[129] 于洁：《国际生物能源发展的情报学研究》，硕士学位论文，上海生命科学研究院，2007 年。

[130] 于明亮、朱建国：《光环曲线与 XBRL 成熟度研究》，《会计之友》2009 年第 1 期。

[131] 于晓宇、谢富纪、彭鹏：《知识管理与高技术企业技术创新模式的耦合性机理研究》，《情报科学》2007 年第 2 期。

[132] ［美］约翰·E. 普赖斯科特、［美］斯蒂芬·H. 米勒主编：《竞争情报应用战略——企业实战案例分析》，包昌火、谢新洲等译校，长春出版社 2004 年版。

[133] ［日］斋藤优：《技术开发论：日本的技术开发机制与政策》，王月辉译，科学技术文献出版社 1996 年版。

[134] 张灿影、刘德洪：《面向企业开放式创新的技术竞争情报服务模式探究》，《情报杂志》2012 年第 7 期。

[135] 张晗、崔雷：《生物信息学的共词分析研究》，《情报学报》2003 年第 5 期。

[136] 张晗、崔雷：《运用非相关文献知识发现方法挖掘科研机构潜在的合作方向》，《现代图书情报技术》2006 年第 4 期。

[137] 张文礼：《不战而胜——企业持续竞争优势的新视角》，中国社会科学出版社 2006 年版。

[138] 张文彤：《Spss 11 统计分析教程》，北京希望电子出版公司 2002 年版。

[139] 张学茂：《关联规则挖掘研究》，硕士学位论文，长沙理工大学，

2006 年。

[140] 张妍、李兆友：《国内技术机会研究：现状、困境及未来走向》，《东北大学学报》2007 年第 4 期。

[141] 张嶷、汪雪锋、郭颖等：《基于文献计量学的技术路线图构建模型研究》，《科学学研究》2012 年第 4 期。

[142] 张玉峰、艾丹祥、金燕：《基于 Semantic Web 的个性化网络导航机制》，《情报学报》2005 年第 4 期。

[143] 张玉峰、部先永、晏创业：《动态竞争情报及其采集基础》，《中国图书馆学报》2006 年第 6 期。

[144] 张玉峰、吴金红、王翠波：《基于 Web 结构挖掘的网络动态竞争情报采集研究》，《中国图书馆学报》2007 年第 6 期。

[145] 张玉峰、吴金红、王翠波：《基于本体的竞争情报采集模型研究》，《情报理论与实践》2007 年第 5 期。

[146] 张玉峰、艾丹祥、王翠波等：《智能信息系统》，武汉大学出版社 2008 年版。

[147] 张玉峰、王翠波、吴金红：《基于流程挖掘的企业竞争情报采集研究》，《中国图书馆学报》2008 年第 2 期。

[148] 张玉峰、吴金红、王翠波：《面向 Deep Web 的动态竞争情报智能采集策略》，《情报学报》2008 年第 4 期。

[149] 张玉峰、部先永、王翠波等：《基于数据挖掘的企业竞争情报智能采集策略研究（Ⅱ）——采集信息源的分析、选择与集成策略》，《情报学报》2009 年第 1 期。

[150] 张玉峰、王翠波、吴金红等：《基于数据挖掘的企业竞争情报智能采集策略研究（Ⅲ）——智能挖掘与采集平台构建的策略》，《情报学报》2009 年第 2 期。

[151] 赵刚：《县级城市有必要建大数据中心吗》，《光明日报》2013 年 9 月 7 日第 6 版。

[152] 赵刚等：《技术创新与企业竞争》，华夏出版社 2003 年版。

[153] 赵洁：《面向 Web 的企业竞争情报获取研究》，博士学位论文，中国科学技术大学，2013 年。

[154] 赵俊杰：《对技术融合趋势的思考》，《科技导报》2003 年第 6 期。

[155] 赵晓庆：《我国企业技术能力提高的外部知识源研究》，《科学学研

究》2004 年第 4 期。

[156] 中国网通集团研究院：《中国网通集团研究院竞争情报系统》，http：//www. ccw. com. cn/cio/solution/htm2004/20040929. _ 10GSN. asp，2006 年 10 月 22 日。

[157] 中国知识管理中心：《基于知识管理架构的竞争情报系统——记广东电信竞争情报系统案例》，http：//www. kmcenter. org/Article-Show. asp？ ArticleID = 930，2006 年 12 月 27 日。

[158] 周静怡、孙坦、陈涛：《共词可视化：以人类基因组领域为例》，《情报学报》2007 年第 4 期。

[159] 周立柱、贺宇凯、王建勇：《情感分析研究综述》，《计算机应用》2008 年第 11 期。

[160] 朱东华、张嶷、汪雪锋等：《大数据环境下技术创新管理方法研究》，《科学学与科学技术管理》2013 年第 5 期。

[161] 朱福喜、朱三元、伍春香编著：《人工智能基础教程》，清华大学出版社 2006 年版。

[162] 邹庆轩：《基于关联规则的文本数据挖掘研究》，硕士学位论文，西南石油大学，2006 年。

[163] Alan L. Porter, *Tech Mining：Exploiting New Technologies for Competitive Advantage*, New York：John Wiley & Sons, Inc. , 2005.

[164] Alan L. Porter, David J. Schoeneck and Paul R. Frey, "Mining the Internet for Competitive Technical Intelligence", *Competitive Intelligence Magazine*, Vol. 10, No. 5, September – October 2007, pp. 24 – 28.

[165] Anders Paander, "Knowledge XChanger™ in Action：Tetra Pak", http：//www. comintelli. com/tetra – pak, 2014 – 8 – 9.

[166] arXiv, "General Information About arXiv", http：//arxiv. org/help/general, 2007 – 1 – 30.

[167] Brian Dumaine, "FirstFuel：Is this startup the next Nest?" http：//fortune. com/2014/04/02/firstfuel – is – this – startup – the – next – nest/, 2014 – 4 – 2.

[168] Byungun Yoon and Yongtae Park, "A Text – mining – based Patent Network：Analytical Tool for High – technology Trend", *Journal of High Technology Management Research*, Vol. 15, No. 1, 2004, pp. 37 – 50.

［169］ Byungun Yoon and Yongtae Park, "A Systematic Approach for Identif-ying Technology Opportunities: Keyword – based Morphology Analysis", *Technological Forecasting & Social Change*, Vol. 72, No. 2, 2005, pp. 145 – 160.

［170］ Byungun Yoon, "On the Development of a Technology Intelligence Tool for Identifying Technology Opportunity", *Expert Systems with Applica-tions*, Vol. 35, No. 1 – 2, 2008, pp. 124 – 135.

［171］ Byungun Yoon and Robert Phaal, "Structuring Technological Information for Technology Roadmapping: Data Mining Approach", *Technology Analy-sis & Strategic Management*, Vol. 25, No. 9, 2013, pp. 1119 – 1137.

［172］ CED Digital Connections Council of America, "Open Standards, Open Source, and Open Innovation: Harnessing the Benefits of Openness", http: //www. ced. org/pdf/Open – Standards – Open – Source – and – Open – Innovation – Chinese – language – version. pdf, 2013 – 2 – 16.

［173］ Cherie R. Courseault, A Text Mining Framework Linking Technical In-telligence from Publication Databases to Strategic Technology Decisions, Ph. D. dissertation, Atlanta, 2004, p. 9.

［174］ CISTI: "CTI", http: //www. tbs – sct. gc. ca/im – gi/imday07jourgi/pres/ intelligence/intelligence – eng. pdf, 2007 – 11 – 15.

［175］ Clear Forest, "Clear Forest Client – The Dow Chemical Company", ht-tp: //www. clearforest. com/Customers/Dow. asp, 2007 – 1 – 10.

［176］ Daning Hu, Xin Li and Yan Dang et al. , "Nano Mapper: A Knowl-edge Mapping System for Nanotechnology Funding and Developments", http: //ai. arizona. edu/hchen/chencourse/NanoMapper – 2007. ppt, 2009 – 6 – 15.

［177］ Dow Chemical Company, "Clear Forest Client – the Dow Chemical Compa-ny", http: //www. clearforest. com/Customers/Dow. asp, 2007 – 01 – 10.

［178］ Duncan J. Watts, "A Twenty – First Century Science", *Nature*, Vol. 445, No. 712, 2007, p. 489.

［179］ Factual, "About Factual", http: //www. factual. com/about, 2014 – 9 – 30.

［180］ Frederic M. Scherer, "New Perspectives on Economic Growth and

Technological Innovation", *Journal of Economics*, Vol. 73, No. 2, June 2001, pp. 204 – 206.

[181] Gartner, Inc., "Understanding Hype Cycle", http: //www. gartner. com/it/products/research/methodologies/research_ hype. jsp, 2009 – 6 – 2.

[182] Gyungmi Jin, Yujin Jeong and Byungun Yoon, "Technology – Driven Roadmaps for Identifying New Product/Market Opportunities: Use of Text Mining and Quality Function Deployment", *Advanced Engineering Informatics*, Vol. 29, No. 1, 2015, pp. 126 – 138.

[183] Haluk Demirkan and Dursun Delen, "Leveraging the Capabilities of Service – Oriented Decision Support Systems: Putting Analytics and Big Data in Cloud", *Decision Support Systems*, Vol. 55, No. 1, 2013, pp. 412 – 421.

[184] Helena Garriga, Georg von Krogh and Sebastian Spaeth, "How Constraints and Knowledge Impact Open Innovation", *Strategic Management Journal*, Vol. 34, No. 9, 2013, pp. 1134 – 1144.

[185] Henry William Chesbrough: *Open Innovation: The New Imperative for Creating and Profiting from Technology*, Watertown: Harvard Business School Press, 2005, p. 43.

[186] HPL, "General Information About HPL", http: //www. hpl. hp. com/, 2007 – 1 – 30.

[187] IDS Scheer, "Whitepaper: ARIS Process Performance Manager", http: //www. palma. com. jo/Downloads/white – papers/aris_ ppm_ whitepaper_ e_ v5. pdf, 2007 – 5 – 11.

[188] Ikujiro Nonaka, "A Dynamic Theory of Organizational Knowledge Creation", *Organization Science*, Vol. 5, No. 1, 1994, pp. 14 – 37.

[189] Issie Lapowsky, "The Next Big Thing You Missed: How to Add Location Data to Your App Without Relying on Google", *Wired*, Vol. 22, No. 9, 2014, p. 9.

[190] James Manyika, Michael Chui, Brad Brown et al., "Big Data: the Next Frontier for Innovation, Competition, and Productivity", http: // www. mckinsey. com/insights/mgi/research/technology_ and_ innovation/

big_ data_ the_ next_ frontier_ for_ innovation, 2013 – 1 – 7.

[191] Jan P. Herring, "Key Intelligence Topics: A Process to Identify and Define Intelligence Needs", *Competitive Intelligence Review*, Vol. 10, No. 2, 2nd Quarter 1999, pp. 4 – 14.

[192] Jane Cameron, Barbara Nicholasb and Katherine Silvesterc, " 'The Navigator Network': A New Zealand futurewatch case study", *Technology Analysis & Strategic Management*, Vol. 20, No. 3, 2008, pp. 271 – 285.

[193] Jesika Briones, "The Market Impact of Accessible Energy Data", http://www. marsdd. com/2012/07/20/canadian – cleantech – entrepreneurs – sizzle/, 2012 – 7 – 20.

[194] Jim Gray, "eScience: A Transformed Scientific Method", in Tony Hey, Stewart Tansley and Kristin Tolle, eds. *The Fourth Paradigm: Data – Intensive Scientific Discovery*, Redmond, Washington: Microsoft Research, 2009, pp. xvii – xxxi.

[195] Jim Kasper, "Navigating the Pipeline", http://thomsonreuters. com/products/ip – science/04_ 061/leukemia – lymphoma – society, 2014 – 8 – 10.

[196] Joseph H. A. M. Rodenberg, *Competitive Intelligence and Senior Management*, Delft: Eburon Publishers, 2008, p. 198.

[197] Klaus Thirring, "Painting the Competitive Landscape: A Single Source for a Complete Picture", http://thomsonreuters. com/products/ip – science/04_ 061/case – study – nabriva. pdf, 2014 – 8 – 8.

[198] Marisela Rodríguez Salvador and Manuel Alejandro Bautista Reyes, "Methodology of Integration for Competitive Technical Intelligence with Blue Ocean Strategy: Application to an exotic fruit", *Journal of Intelligence Studies in Business*, Vol. 1, No. 1, 2011, pp. 29 – 39.

[199] Marisela Rodríguez Salvador, Alfonso Eddy Valdez and René Garza Cavazos, "Industry/University Cooperative Research in Competitive Technical Intelligence: A Case of Identifying Technological Trends for a Mexican Steel Manufacturer", Research Evaluation, Vol. 11, No. 3, 2002, pp. 165 – 173.

[200] Mathias M. Coburn：*Competitive Technical Intelligence*：*A Guide to Design*，*Analysis*，*and Action*，Oxford：Oxford University Press，1999，pp. 10 – 19.

[201] Michael B. McElroy，Xi Lu and Chris P. Nielsen et al. ，"Potential for Wind – Generated Electricity in China"，*Science*，Vol. 325，No. 5946，2009，pp. 1378 – 1380.

[202] Mike Wood，"Competitive Timelines：How Cortellis Competitive Intelligence is Accelerating Research at a US Preclinical Biotech Company"，http：//thomsonreuters. com/products/ip – science/04_ 061/tr – cortellis – for – ci – a – tyr. pdf，2014 – 8 – 8.

[203] NASA，"General Information About NASA"，http：//ntrs. nasa. gov/，2007 – 1 – 30.

[204] NITS，"General Information About Nits"，http：//www. ntis. gov，2007 – 1 – 30.

[205] OSTI，"General Information About Graylit"，http：//www. osti. gov/graylit/，2007 – 1 – 30.

[206] Qize Le and Jitesh H. Panchal，"Modeling the Effect of Product Architecture on Mass – Collaborative Processes"，*Journal of Computing and Information Science in Engineering*，Vol. 11，No. 1，2011，pp. 23 – 46.

[207] Ravi Kumar，"Two Computational Paradigm for Big Data"，http：//kdd2012. sigkdd. org/sites/images/summerschool/Ravi – Kumar. pdf，2013 – 1 – 11.

[208] Relebohile Moloi and Tiko Iyamu，"Understanding the deployment of Competitive Intelligence through moments of translation"，*African Journal of Business Management*，Vol. 7，No. 31，2013，pp. 3090 – 3097.

[209] Search Technology，Inc. ，"General Information about VantagePoint"，http：//www. thevantagepoint. com/，2009 – 2 – 13.

[210] Search Technology，Inc. ，"Introduction to Vantage Point"，http：//www. thevantagepoint. com/vantagepoint/whitesheet_ 5. cfm，2009 – 2 – 13.

[211] Search Technology，Inc. ，"How does VantagePoint Work"，http：//www. thevantagepoint. com/vantagepoint. cfm，2009 – 2 – 18.

[212] Search Technology，Inc. ，"Introduction to Products"，http：//www.

thevantagepoint. com/products. cfm, 2009 – 4 – 7.

[213] Search Technology, Inc. ,"Introduction to VantagePoint", http：//www. thevantagepoint. com/vantagepoint/whitesheet_ 6. cfm, 2009 –4 –7.

[214] Search Technology, Inc. , "VantagePoint Scripting", http：//www. thevantagepoint. com/vantagepoint/whitesheet_ 8. cfm, 2009 –4 –7.

[215] Subir Ranjan Das, "Competitive Technical Intelligence Tools for Innovation and Technology Forecasting", *Asia Pacific Business Review*, Vol. 6, No. 2 2010, pp. 30 – 40.

[216] Sungchul Choi, Hongbin Kim and Janghyeok Yoon et al. , "An SAO – Based Text – Mining Approach for Technology Roadmapping Using Patent Information", *R&D Management*, Vol. 43, No. 1, 2013, pp. 52 – 74.

[217] Technology Policy and Assessment Center of Georgia Tech, "Innovation Forecast of Fuel Cells", http：//www. tpac. gatech. edu/fuelcell/, 2008 – 7 – 12.

[218] W. M. P. van der Aalst and K. M. van Hee, *Workflow Management*：*Models*, *Methods*, *and Systems*, Cambridge, MA：MIT Press, 2002, pp. 28 – 33.

[219] W. M. P. van der Aalst et al. , "Workflow Mining：A Survey of Issues and Approaches", *Data & Knowledge Engineering*, No. 47, 2003, pp. 237 – 267.